Lukas Pantenburg

Die Kollegen zu fern, das Bett zu nah?

Lukas Pantenburg

Die Kollegen zu fern, das Bett zu nah?

Eine Analyse der Auswirkung des Home-Office auf die Arbeitsleistung

Lehrbuchverlag

Imprint

Cover image: www.ingimage.com

Publisher:
Der Lehrbuchverlag
is a trademark of
International Book Market Service Ltd., member of OmniScriptum Publishing Group
17 Meldrum Street, Beau Bassin 71504, Mauritius
Printed at: see last page
ISBN: 978-620-0-44705-0

Inhaltsverzeichnis

I. Abbildungsverzeichnis

II. Tabellenverzeichnis

III. Abkürzungsverzeichnis

DAK	Deutsche Angestellten-Krankenkasse
IBM	International Business Machines Corporation
IT	Informationstechnik
Kita	Kindertagesstätte
OLS	Ordinary Least Square / Methode der kleinsten Quadrate
WZB	Wissenschaftliches Zentrum Berlin

1. Einleitung

Durch die Schließung von nicht systemrelevanten Geschäften und dem Verbot von Dienstleistungen am 16. März 2020 im Rahmen der Präventionsmaßnahmen gegen die SARS-CoV-2 Pandemie, spätestens aber infolge des bundesweiten Kontaktverbots vom 23. März 2020 hat sich nicht nur der private Alltag, sondern auch die Arbeitswelt für die meisten Deutschen extrem verändert (Rust, 2020). Dies manifestiert sich beispielsweise in der stark gestiegenen Anzahl von Anträgen auf Kurzarbeit bei der Bundesagentur für Arbeit. Im März und April gingen Anträge auf Kurzarbeit für über zehn Millionen Personen ein (Statista, 2020). Die meisten Unternehmen schickten ihre Angestellten[1] [2], falls möglich, ins Home-Office. Dadurch konnte die Arbeit, wenn auch mit einer erheblichen Umstellung für die Arbeitnehmer und Arbeitgeber weitergeführt werden. Wie aber wirken sich diese neuen Umstände der Heimarbeit auf die Arbeitsleistung[3] aus? Führt das Arbeiten im Home-Office und die räumliche Distanz zu den Kollegen aufgrund mangelnder direkter Kommunikationsmöglichkeiten und sozialer Kontrolle zu einer Abnahme der Arbeitsleistung? Sind die Angestellten schneller abgelenkt, erliegen Sie der Versuchung des heimischen Bettes in nächster Nähe und sind somit weniger produktiv? Aufgrund der aktuellen Relevanz setzt sich die vorliegende Arbeit die Klärung folgender Forschungsfrage zum Ziel:

Welchen Effekt hat das Arbeiten im Home-Office auf die Arbeitsleistung der Arbeitnehmer?

Um die Auswirkungen zu betrachten, muss zunächst das "Home-Office" definiert werden. Das Home-Office hat sich mittlerweile als Anglizismus im deutschen Sprachgebrauch etabliert. In dieser Arbeit wird Home-Office als eine distinkte Form der Telearbeit definiert, die Nilles (1994) als eine Arbeitsreglung beschreibt, in der ein Teil der Zeit außerhalb des Büro-Arbeitsplatzes gearbeitet und mittels computergestützter Technologie kommuniziert wird. Genauer definiert er Telearbeit als jegliche Form der Substitution von arbeitsbedingten Reisen, indem die Arbeit zum Arbeitenden gebracht wird und nicht der Arbeitende zur Arbeit (Nilles, 1998, S. 1). Wie durch den Begriff Home-Office angedeutet wird, fokussiert sich die vorliegende Arbeit nur auf jene Form der Telearbeit, die ausschließlich von zuhause mit Hilfe technologischer Kommunikationsmittel stattfindet. Sie untersucht also die Veränderung der

---

[1] In dieser Arbeit wird aus Gründen der besseren Lesbarkeit das generische Maskulinum verwendet. Weibliche und anderweitige Geschlechteridentitäten werden dabei ausdrücklich mitgemeint.

[2] In dieser Arbeit werden Angestellte, Arbeitnehmer und Beschäftigte als Synonyme verwendet.

[3] Arbeitsleistung setzt sich aus der angeborenen körperlichen und geistigen Voraussetzung, der Leistungsfähigkeit, die durch erlernte Kompetenzen entsteht und der Leistungsbereitschaft einer Person zusammen. Gleichzeitig spielen auch situative Faktoren eine wichtige Rolle (Bartscher & Nissen, 2018).

Arbeitsumgebung, in diesem Fall die eigene Wohnstätte des Arbeitnehmers, nicht jedoch eine Veränderung der Arbeit an sich (Bélanger et al., 2013, S. 1262). Wenn im Folgenden von Home-Office geschrieben wird, ist explizit die Arbeit aus den eigenen vier Wänden gemeint. Ist allerdings von Telearbeit, Remote Work oder virtueller Arbeit die Rede, schließt diese das Home-Office mit ein, falls nicht explizit anders erwähnt. Die Telearbeit ist ein breiterer Begriff und umfasst Arbeitsmöglichkeiten, die über die primäre Arbeit von zuhause aus hinaus gehen kann, wie das Arbeiten von Unterwegs, aus einem Coworking Space oder beim Kunden.

Aufgrund der SARS-CoV-2 Pandemie stieg die Anzahl der Personen und der Grad der Arbeitsintensität im Home-Office in einem noch nicht dagewesenen Umfang an. Aus diesem Grund gibt es bisher noch keine vergleichbaren Studien, die die Auswirkungen des Home-Office auf die Arbeitsleistung basierend auf aktuellen Daten messen. So arbeiteten vor dem Ausbruch von SARS-CoV-2 rund 12 Prozent der Deutschen Beschäftigten regelmäßig oder unregelmäßig im Home-Office (Statistisches Bundesamt 2019). Durch die Pandemie hat sich die Anzahl vervielfacht auf circa 22 bis 49 Prozent[4]. Daraus ergaben sich ad hoc ganz neue Arbeitsumstände die vor der Pandemie entweder nicht möglich schienen, weil die Arbeitgeber aus Sorge um Kontrollverlust und sinkende Produktivität Forderungen der Angestellten auf Home-Office nicht nachkommen wollten. Ferner lagen entsprechende Wünsche überhaupt nicht vor oder Home-Office scheiterte aufgrund technischer Schwierigkeiten (Sullivan, 2012). Die Arbeitgeber müssen nun aber nicht nur lernen mit dem direkten, visuellen Kontrollverlust über ihre virtuell arbeitenden Angestellten umzugehen, sondern auch über die Distanz eine effektive Führung beibehalten und eine produktive Online-Arbeitsatmosphäre sowie -Infrastruktur schaffen. Des Weiteren müssen sich die Arbeitnehmer ein Büro zuhause einrichten, in welchem sie weitestgehend ungestört, als auch mit einer guten Internetverbindung und Kommunikationstechnik, die gewünschte Arbeitsleistung erbringen können (Fonner & Roloff, 2010).

Der Forschungsstand bietet zwar Analysen zu flexiblen Arbeitsangeboten und deren Nutzung und Auswirkung auf die Arbeitsleistung der Arbeitnehmer (Hill et al., 2003; Kurland & Bailey, 1999; Lautsch et al., 2009). Diese haben jedoch langfristig geplante, von den Arbeitnehmern und Arbeitgebern individuell oder für die ganze Organisation angestrebte flexible

---

[4] Da es keine einheitliche bevölkerungsrepräsentative Befragung gibt, setzen sich die Werte aus drei verfügbaren, repräsentativen Umfragen zusammen. Hierbei bildet die Befragung von Bitkom (2020) die obere Grenze mit 49% der Befragten Arbeitnehmer die ganz oder teilweise im Home-Office sind, dazwischen liegen die Werte einer Umfrage von Immowelt (2020) bei der 36% ganz und 19% der Befragten teilweise im Home-Office sind und die untere Grenze stammt aus einer Umfrage von Yougov (2020) mit 22% der Befragten im Home-Office.

Arbeitsbedingungen zum Gegenstand. Derzeit arbeiten aber nicht nur die Personen im Home-Office, die einen fortschrittlicheren und aufgeschlosseneren Arbeitgeber oder selbst ein besonderes Interesse oder eine Position haben, um von zuhause aus arbeiten zu können, sondern auch diejenigen, die dies bisher nicht durften und oder wollten. Die aktuelle Situation ermöglicht es daher erstmals, umfassend den Effekt von Home-Office auf die Arbeitsleistung in der breiten Arbeitsbevölkerung zu untersuchen.

In Politik und Wirtschaft wird das Home-Office als Arbeitsplatz der Zukunft teils sehr positiv gesehen: Arbeitsminister Hubertus Heil arbeitet an einem Gesetz für ein „Recht auf Arbeit von zu Hause“ (tagesschau.de, 2020a) und beispielsweise Siemens plant für 140.000 Konzernangestellte dauerhaft mobiles Arbeiten und Home-Office (Watzke, 2020). Auch die Fachliteratur beschreibt größtenteils einen allgemeinen positiven Effekt von Telearbeit auf die Arbeitsleistung (De Menezes & Kelliher, 2017, S. 1064; Fonner & Roloff, 2010; Gajendran & Harrison, 2007; Hill et al., 2003, S. 234; Vega et al., 2015, S. 316). Mehrere Wissenschaftler haben explizit eine Steigerung der Arbeitsleistung und Produktivität der Arbeitnehmer durch Telearbeit nachgewiesen (Di Martino & Wirth, 1990; Golden & Veiga, 2008, S. 319; Kurland & Bailey, 1999; Raghuram et al., 2003). So fanden Hill et al. (2003) heraus, dass sich das Arbeiten im Home-Office im Vergleich zur traditionellen Arbeit im Büro und dem Remote Work am positivsten auf das Arbeits- und Privatleben auswirkt. Dennoch liegen konterkarierende Forschungsergebnisse vor, die auch negative Effekte vom Arbeiten im Home-Office festgestellt haben, wie berufliche Isolation und verschlechterte Teamarbeit (Duxbury et al., 1996; Golden et al., 2006; Kurland & Bailey, 1999). Gleichzeitig gibt es auch ambivalente Ergebnisse. Lautsch et al. (2009) haben beispielsweise in einer qualitativen Studie herausgefunden, dass das Arbeiten im Home-Office einen positiven Einfluss auf die Work-Life-Balance der Angestellten hat, sich jedoch nicht auf die Arbeitsleistung auswirkt.

Um die Auswirkungen von Home-Office auf die Arbeitsleistung genauer zu analysieren, werden in dieser Arbeit die Daten der empirischen Befragung einer repräsentativen Stichprobe von Erwerbstätigen in Deutschland vom 30. März 2020 von Florian Kunze und Sophia Zimmermann verwendet. Zur Beantwortung der Forschungsfrage wird auf dieser Datenbasis eine OLS-Regression[5] berechnet und gezeigt.

Es ist davon auszugehen, dass sich das Home-Office unterschiedlich auf die Angestellten auswirkt. Daher ist es wichtig das Alter der Angestellten und deren jeweils altersspezifischen

---

[5] OLS: Ordinary Least Squares (Methode der kleinsten Quadrate).

Fähigkeiten zu berücksichtigen. Die Theorie der lebenslangen Entwicklung (Heckhausen, 1997; Heckhausen, Wrosch, & Schulz, 2010) besagt, dass älter Menschen sich ihrer altersbedingten kognitiven Verlusten bewusst werden und dadurch an *Primärkontrolle* verlieren. Durch die *Sekundärkontrolle* wird die Motivation gestärkt diese Verluste durch gesteigertes Engagement und Nutzung von Hilfsmitteln auszugleichen.[6] In diesem Fall kann das Home-Office als externes Hilfsmittel fungieren. Eine weitere Theorie, die bei der Untersuchung der Effekte von Home-Office herangezogen werden kann, ist die Theorie der Reziprozität. Laut dieser Theorie sollten ältere Angestellte aufgrund der gewonnenen Flexibilität im Home-Office ihre Arbeitsleistung steigern. Gleichzeitig sollte sich die Arbeitsleistung aber stärker positiv bei älteren Angestellten erhöhen als bei jüngeren, da die Sekundärkontrolle die Motivation erhöht, das Home-Office als Hilfsmittel zu nutzen. Hierbei wird das Subjektive Alter als moderierender Einfluss auf die Beziehung von Home-Office auf die Arbeitsleistung angenommen (siehe Abbildung 1). Das Subjektive Alter ist ein Konstrukt, das über das Chronologische Alter, also den Lebensjahren (Marcus, Fritzsche & Ng 2019, S. 287) hinaus geht und nicht zwangsläufig deckungsgleich ist. Es gibt den Wert an, wie alt sich eine Person selbst wahrnimmt (Barak & Stern 1986, S. 571). In dieser Arbeit wird das Subjektive Alter bewusst ausgewählt, da es sich um eine aussagekräftige Erweiterung des Chronologischen Alters handelt, welches diesem eine psychologische und wahrnehmungsgeprägte Perspektive hinzufügt. Darüber hinaus nimmt es die kognitiven und emotionalen Prozesse der Angestellten mit auf, die das Verhalten der Angestellten beeinflussen können (Rudolph et al., 2019, S. 267).

Für die Klärung der Forschungsfrage ist diese Arbeit folgendermaßen aufgebaut: Als erstes wird die für diese Arbeit verwendete Literatur zu Subjektiven Alter, dem Telearbeiten und dem Arbeiten im Home-Office zusammengefasst. Darauf aufbauend wird die theoretische Basis entwickelt wieso sich das Home-Office auf die Arbeitsleistung auswirkt und wie das Subjektive Alter diese Beziehung moderiert. Gleichzeitig werden aus der Theorie und auf Basis des Forschungsstandes die Haupthypothese und die Moderationshypothese gebildet. Darauffolgend werden die hier verwendeten Daten beschrieben und die drei aufgestellten linearen Modelle, Robustheitschecks und die OLS-Regressionen berechnet. Die Ergebnisse, dass es keinen direkten Zusammenhang zwischen Home-Office und der Arbeitsleistung gibt, dafür aber der Interaktionseffekt leicht signifikant ist, wird im Folgenden präsentiert und analysiert. Die

[6] Die Theorie der lebenslangen Entwicklung, als auch die Primär- und Sekundärkontrolle werden in Kapitel 2.3 genauer definiert und erörtert.

daraus abgeleiteten Erkenntnisse werden im nächsten Schritt anhand der Fachliteratur diskutiert. Abschließend werden die theoretischen als auch praktischen Implikationen und Limitationen dieser Arbeit erörtert und mögliche Forschungsperspektiven präsentiert.

Abbildung 1
Angenommener Haupt- und Moderationseffekt

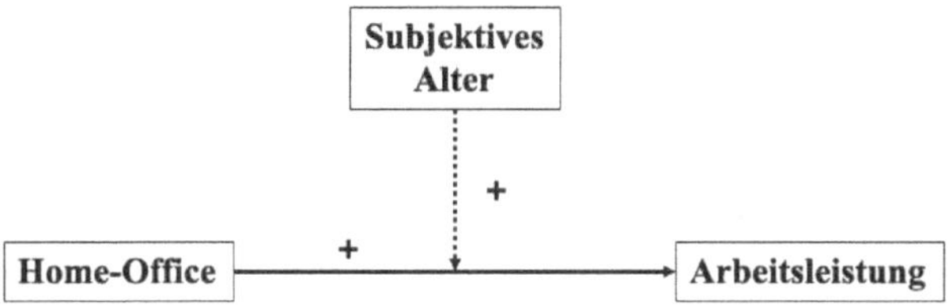

2. Theorie

Wie schon angeführt wird der Einfluss von Home-Office in der Fachliteratur als größtenteils positiv beschrieben. Die genauen Auswirkungen werden im Folgenden genauer betrachtet.

2.1 Effekte von Home-Office

Nicht nur während der SARS-CoV-2 Pandemie bietet das Home-Office dem Arbeitnehmer als Form der flexiblen Arbeitsgestaltung die Möglichkeit, Arbeit und private Pflichten reibungsloser zu kombinieren und zu organisieren, als bei klassischer Arbeit im Büro (Hill et al., 2003, S. 234–235). Dieser Aspekt ist besonders wichtig, wenn man berücksichtigt, dass im Zuge der Pandemie die Kindertagesstätten (Kitas) und Schulen geschlossen sind oder nur in sehr eingeschränkter Art und Weise Notbetreuungsmöglichkeiten anbieten. So wurden beispielsweise im Land Baden-Württemberg die Schulen und Kitas vom 17. März 2020 an geschlossen (Baden-Württemberg.de, 2020)[7]. Angesichts dieser Ausnahmesituation konnte die besondere Flexibilität der Arbeitszeiten im Home-Office genutzt werden, da die Arbeitnehmer eigenständig die Arbeit mit Familienpflichten wie Kinderbetreuung, der Pflege von Familienangehörigen, Heimunterricht und der Organisation des Haushalts mit der Arbeit koordinieren können (Shockley & Allen, 2007). Gleichzeit kann so der Stress, der durch den Koordinationsaufwand von Arbeit und Familie in klassischen Präsenzarbeitsformen entsteht, verringert (Baruch, 2000; Madsen, 2003) und die Work-Life-Balance verbessert werden (Allen, 2001; Gajendran & Harrison, 2007; Hill et al., 2003). Diese positiven Effekte könnten sich

---

[7] Die Schulen und Kitas waren zum Start der Umfrage, die für diese Arbeit verwendet wurde, bereits deutschlandweit geschlossen.

aufgrund der oben genannten Einschränkungen während der SARS-CoV-2 Pandemie stärker auswirken als während des "normalen" Alltags.

Ein weiterer Effekt, den das Home-Office hervorruft, ist das Wegfallen von Anfahrtszeiten zum Arbeitsplatz. Durch dieses Ersparnis beleibt den Arbeitnehmern mehr Zeit für die Arbeit und für die Familie (Baruch, 2000; Kurland & Bailey, 1999). Auch besteht die Möglichkeit, die Arbeitszeiten flexibler zu gestalten und die Arbeit an individuelle Produktivitätsrhythmen anzupassen (Fonner & Roloff, 2010). So können Arbeitnehmer im Home-Office auch am frühen Morgen oder am späteren Abend produktiv sein (Duxbury et al., 1996).

Im Gegensatz dazu haben Kurland und Bailey (1999) herausgefunden, dass Telearbeit zur beruflichen Isolation führen kann und daraus resultierende Karriereängste mit einer Überkompensation an Arbeit verbunden sein kann. Darüber hinaus haben sie gezeigt, dass das Telearbeiten aufgrund des verminderten informellen Lernens, einer schwächeren Organisationskultur, einer geringeren Verfügbarkeit in den regulären Geschäftszeiten und des Verlusts der nonverbalen Kommunikation zu weniger Synergieeffekten führt. Dies kann sich negativ auf die Arbeitsleistung auswirken. Außerdem weisen Duxbury, Higgins, und Thomas (1996) darauf hin, dass Telearbeit zu einer Rollenüberlastung führen und dadurch Stress entstehen kann. Seit der Durchführung und Veröffentlichung dieser Studien in den 1990er Jahren hat es jedoch maßgebliche technologische Fortschritte gegeben, welche die Kommunikation erheblich verbessert haben. Deshalb sind beispielsweise zwei viel verwendet Kommunikationssoftwares wie Slack (2013) oder Microsoft Teams (2017) erst in den vergangenen Jahren erschienen. So kann davon ausgegangen werden, dass sich die Kommunikationssituation im Laufe der Zeit gebessert hat, die Frage nach den psychischen Belastungen bleibt aber aktuell.

Neben der schon erwähnten Flexibilität ist die durch das Home-Office gewonnen Autonomie ein wichtiger Punkt für die Angestellten. Neben flexibleren Arbeitszeiten erfahren sie eine geringere Kontrolle durch den Arbeitgeber, da sie aufgrund der physischen Distanz nicht jederzeit beobachtet und kontrolliert werden können. Parallel nehmen Sie eine Steigerung der eigenen Kontrolle über die Art und Weise der Arbeitsbewältigung war (Kelliher & Anderson, 2010). Diese Freiheiten können in einer höheren Arbeitszufriedenheit (Golden & Veiga, 2008) und somit auch einer höheren Arbeitsleistung resultieren (Dodd & Ganster, 1996; Scandura & Lankau, 1997). Die geringere Kontrolle des Arbeitgebers über den Arbeitnehmer sendet ein Zeichen von Vertrauen an den Angestellten (Kowalski & Swanson, 2005) und kann Verhaltensweisen fördern, welche die durchschnittliche Produktivität des Arbeitnehmers und die Erwartungen des Arbeitgebers übersteigen können (De Menezes & Kelliher, 2017, S. 1064; Gajendran & Harrison, 2007; Hill et al., 2003; Vega et al., 2015, S. 315).

Mit einer Studie bei IBM[8] haben Hill et al. (2003) gezeigt, dass sich die Arbeitnehmer, welche die Möglichkeit hatten im Home-Office zu arbeiten und diese auch regelmäßig nutzen, sich in allen getesteten Kategorien[9], mit Ausnahme des beruflichen Aufstiegs, positiver wahrnahmen als Angestellte die remote arbeiteten. Außerdem hatten erstere positivere Wahrnehmung der Arbeitsmotivation, Arbeitsplatzerhaltung, des persönlichen und beruflichen Erfolgs sowie der Work-Life-Balance, als Kollegen im traditionellen Büro und eine bessere Leistungsbeurteilung als Kollegen im virtuellen Büro (Hill et al., 2003, S. 228–234). Die Studie verdeutlicht also, dass das Arbeiten von zuhause einen positiven Effekt haben kann.

Positive Auswirkungen von Home-Office auf die Produktivität zeigen darüber hinaus noch weitere Studien. Vega et al. (2015, S. 320) zeigen, dass sich die Arbeitnehmer an Tagen, an denen sie virtuell gearbeitet haben, als produktiver wahrnehmen. Das weist auf eine Stärkung der zumindest gefühlten Produktivität und Leistung durch die Arbeit von zuhause hin. Ein weiterer Effekt, der sich gezeigt hat, ist eine positive Verbindung zwischen dem Ausmaß der Telearbeit und der Arbeitsleistung (Golden & Gajendran, 2019). Gleichzeitig zeigt sich die Telearbeit als signifikant positiver Prädiktor für den erfolgreichen Umgang mit einem hohem Arbeitspensum (Hill et al., 2003, S. 234).

Aber was genau veranlasst die Arbeitnehmer so positiv auf die Telearbeit und genauer gesagt auf das Home-Office zu reagieren? Dies wird im Folgenden theoretisch begründet.

2.2 Theorie der Reziprozität und des sozialen Austauschs

Um zu verstehen, wie sich der Umstand im Home-Office zu arbeiten auf die Arbeitnehmer und deren Arbeitsleistung auswirkt, wird in dieser Arbeit die Theorie der Reziprozität und die Theorie des sozialen Austauschs angewendet.

Laut der Theorie der Reziprozität besteht für jedes empfangene materielle oder immaterielle Gut die Verpflichtung der Gegenseitigkeit. Dies wirkt sich darauf aus, wie sich die Beziehung zwischen zwei oder mehreren Akteuren manifestiert (Gouldner, 1960; Kelliher & Anderson, 2010). Ein sehr ähnliches Phänomen thematisiert Blau (1964) in seiner Theorie des *sozialen*

---

[8] IBM kurz für International Business Machines Corporation, ist ein US-amerikanischen IT- und Beratungsunternehmen.

[9] Die folgenden Kategorien wurden gemessen: Arbeitsleistung, Arbeitsmotivation, Arbeitsplatzerhaltung, Erfolg bei der Arbeitsbelastung, Beruflicher Aufstieg, Persönlicher/familiärer Erfolg.

Austauschs[10]. Das Grundprinzip definiert er folgendermaßen: Wenn eine Person einer anderen eine nutzbringende Leistung erbringt, verpflichtet er diese. Um dieser Verpflichtung nachzukommen, muss die zweite Person der Ersten ihrerseits eine Leistung erbringen. Dabei steht der extrinsische Vorteil, also der Zugewinn eines materiellen oder immateriellen Gutes, im Vordergrund. Der intrinsische Nutzen kann aber nie komplett von der zwischenmenschlichen Beziehung der Tauschpartner getrennt werden. Wenn nun beide Partner die Leistung des jeweiligen Gegenübers wertschätzen, sind sie dazu geneigt, eine höhere eigene Leistung zu erbringen. Somit bieten sie dem anderen einen Anreiz, sein Angebot ebenfalls zu erhöhen, um ein Verschulden zu vermeiden (Blau, 1964, S. 89).

Im Rahmen dieser Arbeit ist das immaterielle Gut oder Leistung, die der Arbeitgeber dem Arbeitnehmer erbringt, die Ermöglichung des Arbeitens im Home-Office. Da es bisher in Deutschland kein Recht darauf gibt und der Arbeitnehmer keinen Anspruch darauf hat, kann das Home-Office als immaterielles Gut oder Leistung betrachtet werden. So kann der Arbeitnehmer während der Pandemie seine gewohnte Arbeit fortführen und gewinnt darüber hinaus, wie bereits beschrieben, größere Freiheiten, Autonomie und Flexibilität über die Arbeitsgestaltung. Dieser Zugewinn stellt für ihn eine positive Bereicherung dar. Aufgrund der gewonnenen Vorteile kann angenommen werden, dass er diese Verbesserung nicht wieder verlieren will. Laut Blau (1964, S. 92) ist eine notwendige Bedingung des Austauschs, wenn jemand eine Leistung weiterhin in Anspruch nehmen möchte, dass dieser auch seinen Verpflichtungen nachkommen muss. Deshalb sollte der Arbeitnehmer, der das Arbeiten im Home-Office und die gewonnen Vorteile weiterhin nutzen möchten, seiner Verpflichtung nachkommen. Was in diesem Fall eine Steigerung seiner Arbeitsleistung entsprechen könnte. So offeriert der Arbeitnehmer dem Arbeitgeber seine gesteigerte Arbeitsleistung als Ausgleich für die Vorteile des Arbeitens im Home-Office (siehe Abbildung 2).

[10] Im Englischen: Social Exchange.

Abbildung 2
Angenommenes Modell der Reziprozität

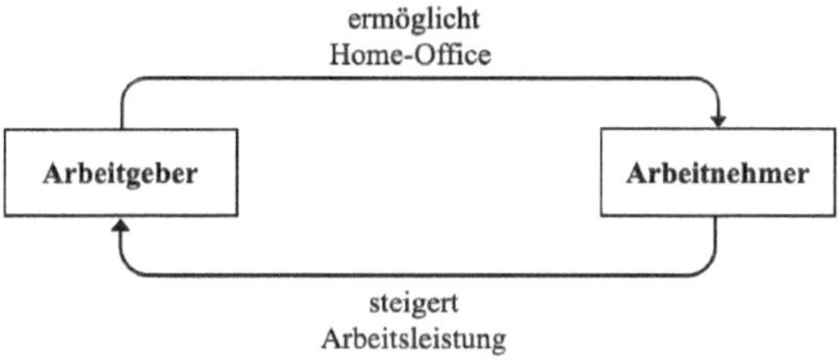

Nach der Theorie der Reziprozität und des sozialen Austauschs sollten Angestellte, die das Angebot des Arbeiten im Home-Office besonders intensiv nutzen können, im Vergleich zu Angestellten, die das Angebot weniger nutzen können, eine höhere Flexibilität und Autonomie genießen. Demnach sollte ihr Interesse gesteigert sein, dem Arbeitgeber zu signalisieren, dass sie das empfange Gut zu schätzen wissen. Deshalb erhöhen sie ihre Leistung stärker als die Angestellten, welche das Angebot in einem geringeren Ausmaß nutzen. Deren Interesse der Leistungssteigerung sollte geringer ausfallen. So nehmen beispielsweise Telearbeiter im Vergleich zu Angestellten im Büro mit einer höheren Wahrscheinlichkeit zusätzliche Anstrengungen für das Unternehmen auf sich (Hill et al., 2003, S. 233). Hieraus abgeleitet bildet sich die Haupthypothese der vorliegenden Arbeit.

Hypothese 1: Je höher der Anteil der im Home-Office gearbeiteten Zeit, desto höher ist die Arbeitsleistung.

Die Theorie der Reziprozität stützt sich auf die Annahme, dass der Angestellte das Home-Office als immaterielles Gut wahrnimmt und daraufhin evaluiert, wie er seine Leistung ändern wird. Hierbei gilt es allerdings zu berücksichtigen, dass die subjektive Bewertung des Home-Office als immaterielles Gut unterschiedlich eingeschätzt werden kann. Um diese subjektive Komponente mit einzubeziehen, wird in dieser Arbeit das Subjektive Alter als Moderator für die Beziehung von Home-Office und der Arbeitsleistung betrachtet.

2.3 Moderator - Subjektives Alter

Zur Begründung des Moderators Subjektives Alter wird im Folgenden die Auswirkung des Alterns auf den Menschen skizziert.

Aus Studien, welche die Reaktionszeit und andere geschwindigkeitsbezogene Indikatoren der Informationsverarbeitungskapazität gemessen haben geht hervor, dass es mit dem Älterwerden einen eindeutigen kognitiven Verlust der Reservekapazität[11] gibt (Baltes & Baltes, 1990; Salthouse, 1996). Diese Verluste finden im größten Teil in der fluiden Intelligenz statt. Unter fluider Intelligenz versteht man die Fähigkeit des abstrakten Argumentierens, der Verarbeitung von neuen Informationen, der kognitive Agilität und Schnelligkeit (Horn & Cattell, 1967; Skirbekk, 2004, S. 135; Skirbekk, 2008, S. 6). Wir Menschen erreichen unseren Zenit der fluiden Intelligenz mit Mitte bis Ende Zwanzig. Danach nimmt sie bis zum Ende des Lebens ab (Horn & Cattell, 1967). Im Gegensatz dazu bezeichnet die kristallisierte Intelligenz das (Fach-)Wissen, welches durch Ausbildung und Beruf erlernt wird, wie beispielsweise die Größe des Wortschatzes (Horn & Cattell, 1967; Skirbekk, 2004, S. 135; Skirbekk, 2008, S. 6). Die kristallisierte Intelligenz verbessert sich mit dem angesammelten Wissen und bleibt auch im mittleren und höheren Alter auf einem hohen Niveau (Göbel & Zwick, 2012, S. 38; Skirbekk, 2004; Skirbekk, 2008). Genauso nimmt das implizite Wissen[12], welches über Erfahrung gelernt wird und dem Lösen alltäglicher Probleme dient, nicht mit dem Alter ab (Skirbekk, 2008, S. 7). Diese Robustheit ist eine mögliche Erklärung, warum ältere Angestellte trotz der nachlassenden fluiden Intelligenz in ihrer Leistung genauso gut abschneiden wie Jüngere (Colonia-Willner, 1998).

Gleichzeitig sind sich ältere Angestellte ihrer altersbedingten Rückschläge und Defizite bewusst. Das Modell der Optimierung mittels Kompensation[13] von Baltes und Baltes (2010) konzeptionalsiert die Entwicklung der Lebensspanne und des Alterns als einen Prozess der kontinuierlichen Selektion. Hierbei wird die Investition von motivierenden und kognitiven Ressourcen unter der Berücksichtung einer altersbedingten Verschlechterung des Verhältnisses von Entwicklungsgewinnen und -verlusten sowie einer Abnahme der Reservekapazität betrachtet. Die Anpassungsfähigkeit und damit eine erfolgreiche Entwicklung wird optimiert, wenn die Funktionsfähigkeit in ausgewählten Bereichen der Spezialisierung maximiert wird. Dies ermöglicht die Kompensation altersbedingter Verluste und das Niveau der Funktionsfähigkeit bleibt erhalten (Baltes & Baltes, 1990, S. 21–22). Die Optimierung dient hierbei als übergeordneter Prozess, wodurch das langfristige Potential der Primärkontrolle gestärkt werden soll (Heckhausen & Schulz, 1993, S. 295). Dabei kann laut Heckhausen und Schulz (1993) ein Individuum die Bewältigung der Entwicklungsherausforderungen der

---

[11] Die Reservekapazität bezeichnet die Fähigkeit des Gehirns zu "improvisieren" und andere kognitive Wege zu finden, um ein Problem zu lösen. Sie entwickelt sich über die Lebenszeit des Lernens, der Neugierde und hilft dem Gehirn mit möglichen Ausfällen oder Rückschlägen besser zurechtzukommen (Harvard Health Publishing, 2010).
[12] Aus dem Englischen: "tacit knowledge".
[13] Aus dem Englischen: "The model of selective optimization with compensation".

Lebenspanne optimieren, indem es die Selektion der Ressourceninvestition intensiviert oder auf Kompensationsstrategien zurückgreift, wenn Verluste erlebt oder antizipiert werden. Dieser Mechanismus führt dazu, dass das Subjektive Alter in der vorliegenden Arbeit als Moderator verwendet wird. Denn durch alterbedingte Verluste und deren Kompensation sollten ältere Angestellte im Rahmen der Theorie der Rezeprozität und des sozialen Austauschs mehr vom Home-Office profitieren als jüngere Angestellte. Dies wird im Folgenden genauer erläutert.

Die Theorie der lebenslangen Entwicklung[14] (Heckhausen, 1997; Heckhausen & Schulz, 1993; Heckhausen, Wrosch, & Schulz, 2010) beschreibt zwei Kontrollmechanismen - die *Primärkontrolle* und die *Sekundärkontrolle*. Die Primärkontrolle beschreibt die direkte Veränderung der Umwelt, sodass diese den Bedürfnissen und Wünschen des Einzelnen entspricht (Heckhausen, 1997, S. 176). Nach Heckhausen und Schulz (1993, S.293) bevorzugen die Individuuen die Primärkontrolle im Vergleich zu Sekundärkontrolle. Das langfristige primäre Kontrollpotential hängt von den individuellen Fähigkeiten in Bezug auf Kompetenz und Fertigkeit sowie den motivationalen und emotionalen Ressourcen ab, welche die benötigte Anstregung und Zeit regulieren (Heckhausen & Schulz, 1993, S. 293). Bestimmte Fertigkeiten der fluiden Intelligenz nehmen aber mit dem Alter ab und mit ihnen die Fähigkeit zur Primärkontrolle. Zur Kompensation dieser Verluste bedarf es der Sekundärkontrolle. Die Sekundärkontrolle bezieht sich auf das Individuum an sich, welches sich an die Welt anpassen muss. Sie dient vor allem dazu, das Potential der langfristigen Primärkontrolle auszuweiten, aufrechtzuerhalten und Verluste zu minimieren (Heckhausen & Schulz, 1993, S. 293).

Beide Art der Kontrolle, primäre und sekundäre, bestehen aus jeweils zwei Strategien. Nach Heckhausen (1997) ist die erste Strategie die *selektive Primärkontrolle*. Sie zielt auf die Ressourcen ab, die unmittelbar benötigt werden. Dies sind bestimmte Fähigkeiten die eine Person zur Erreichung der jeweiligen Ziele besitzt. Die zweite Strategie beschreibt die *kompensatorische Primärkontrolle*. Diese wird benötigt, wenn die internen Ressourcen nicht ausreichen, um ein Ziel zu erreichen. Deshalb werden externe Hilfsmittel hinzugenommen, um die eigenen Fähigkeiten zu ergänzen. Die dritte Strategie nach Heckhausen (1997) ist die *selektive sekundäre Kontrolle* die sich auf die Motivation und das Engagement eines Individuums zur Erreichung eines ausgewählten Ziels bezieht. Viertens minimiert die *kompensatorische sekundäre Kontrolle* bei etwaigem Versagen die negativen Auswirkungen auf das Selbstwertgefühl und die Motivation.

[14] Aus dem Englischen: "Theory of Life-Span Development".

Wenn nun die fluide Intelligenz mit dem Alter nachlässt und so die selektive Primärkontrolle reduziert wird, kann durch die kompensatorische Primärkontrolle ein externes Hilfsmittel, wie das Arbeiten im Home-Office, verwendet werden, um die alterbedingten Verluste auszugeleichen. Das Home-Office bietet, wie beschrieben, mehr Flexibilität, Autonomie und Kontrolle, wodurch die Angestellen altersbedingte Einschränkungen besser kompensieren können. Die selektive sekundäre Kontrolle wird von älteren Angestellten zur Förderung der Motivation und des Engagements im Home-Office genutzt. Zum einen um alterbedingte Verluste auszugleichen, zum anderen um eine höhere Primärkontrolle (wieder)herzustellen. Dadurch sollten ältere Mitarbeiter motivierter sein im Home-Office zu arbeiten als jüngere, die diese Kompensation nicht zwingend benötigen und daher nicht den gleichen motivationalen Anreiz haben. Demnach sollte für ältere Angestellte das immaterielle Gut Home-Office einen hohen Wert habne und nach der Theorie der Reziprozität deshalb zu einer Steigerung von deren Arbeitsleistung führen. Hieraus bildet sich folgende Moderationshypothese.

Hypothese 2: Das Subjektives Alter moderiert den Einfluss von Home-Office auf die Arbeitsleistung, sodass ein höheres Subjektives Alter die Beziehung stärker positiv beeinflusst.

3. Forschungsdesign

3.1 Datensatz und Stichprobe

Zur Überprüfung der Hypothesen und Beantwortung der Forschungsfrage findet die empirische Längsschnittuntersuchung “Konstanzer Home-Office Studie“ von Florian Kunze und Sophia Zimmermann Verwendung. Diese begann am 30. März 2020 als Onlineumfrage mit einer bevölkerungsrepräsentativen Stichprobe von 699 Teilnehmern zum ersten Zeitpunkt (T_0).[15] Ziel der Studie war es, Arbeitnehmer im Home-Office zu befragen, um deren veränderte Arbeitssituation durch die Pandemie besser einzuschätzen. Dafür füllten die Studienteilnehmer zu Beginn einen detaillierteren Fragebogen mit 84 Fragen aus sowie in den darauffolgenden zwei Wochen täglich einen Fragebogen mit jeweils 37 Fragen. Diese Studie eignet sich für die Beantwortung der Forschungsfrage sehr gut, da sowohl das Subjektive Alter in der T_0-Befragung abgefragt wurde als auch der Anteil, zu welchem im Home-Office gearbeitet wird. Für diese Arbeit wurden nur die ersten beiden Erhebungspunkte T_0 und T_1 verwendet und der Datensatz dementsprechend in Form eines Querschnittdesigns und mit einer OLS-Regression analysiert. Die beiden Befragungen wurden ausgewählt, da nur die T_0-Befragung das Subjektive

[15] Insgesamt wurden für die Studie 2908 Menschen befragt, von denen schlussendlich 699, selektiert durch Filterfragen, übrigblieben.

Alter enthält und für die Arbeitsleistung wurde die Befragung am zweiten Tag (T_1) verwendet. Im Folgenden werden das methodische Vorgehen und der Datensatz genauer beschrieben.

Als erstes werden die Datensätze zur T_0- und T_1-Befragung mittels R-Studio Version 1.4.476 zusammengefügt. Aus der T_0-Befragung finden die Datenpunkte der unabhängigen Variable und der Kontrollvariablen Verwendung und aus der T_1-Befragung wird nur die abhängige Variable Arbeitsleistung verwendet.[16] Da zum zweiten Erhebungszeitpunkt (T_1) nicht mehr alle Befragten geantwortet haben, werden die Befragten, die nicht an beiden Erhebungszeitpunkten geantwortet haben, aus den Daten entfernt. Hierdurch verringert sich die Anzahl der Befragten auf 544. Als nächstes erfolgt der Ausschluss aller überflüssigen, für diese Arbeit irrelevanten Antworten aus dem Datensatz. Anschließend werden alle Teilnehmer mit unvollständigen Angaben aussortiert. Hierdurch fallen weitere zehn Teilnehmer der Befragung aus der Strichprobe heraus. Im Folgenden werden die einzelnen Variablen, falls nötig, für die Berechnung angepasst und Ausreißer entfernt (siehe Annex 1).

3.2 Hauptvariablen

3.2.1 Home-Office

Home-Office bildet in dieser Arbeit die unabhängige Variable und wird durch die Frage „*Wieviel % Ihrer heutigen Arbeitszeit haben Sie an Ihrem Heimarbeitsplatz verbracht?*“ gemessen. Diese Frage konnte auf einer Skala von 1-101 beantwortet werden und zeigt den prozentualen Anteil, den die Befragten zum Zeitpunkt T_0 im Home-Office gearbeitet haben.

Ein zeitlicher Abstand zwischen der unabhängigen Variable Home-Office zum Zeitpunkt T_0 und der abhängigen Variable Arbeitsleistung zum Zeitpunkt T_1 wird verwendet, um Effekte der Arbeit im Home-Office auf die Arbeitsleistung zum Zeitpunkt T_1 erfassen zu können. Hierfür muss die unabhängige Variable zeitlich vor der abhängigen Variable stattgefunden haben, was dieses Design sicherstellt. Im nächsten Schritt werden alle Antworten um den Faktor 1 subtrahiert, damit die Prozentanteile im gängigen Rahmen von 0 bis 100 liegen. Da es sich bei dieser Arbeit um ein Querschnittdesign handelt, nimmt sie den Anteil, zu dem im Home-Office gearbeitet wurde und somit die Intensität der Arbeit im Home-Office, als Messwert dafür, wie sehr der Befragte vom Home-Office profitiert.

---

[16] Definition der Variablen siehe Kapitel 3.2.

3.2.2 Arbeitsleistung

Anders als das Home-Office handelt es sich bei der Arbeitsleistung in dieser Studie um ein latentes Konstrukt, da es sich um die selbsteingeschätzte Arbeitsleistung der Angestellten handelt. Daher wird für die Analyse der Hypothese 1 eine neue latente Variable *Arbeitsleistung* berechnet. Die Fragebögen erheben zu beiden Zeitpunkten mittels drei Fragen (Pf_01_01, PF01_02, PF_01_03) auf einer Likert-Skala von 1 bis 5 die selbsteingeschätzte Arbeitsleistung im Home-Office. Der Erhebungszeitpunkt T_1 wird als abhängige Variable für den Haupteffekt verwendet und die Arbeitsleistung zum Zeitpunkt T_0 als Kontrollvariable. Mithilfe von R-Studio wird eine Faktorenanalyse durchgeführt und eine latente Variable für die gesamte *Arbeitsleistung* pro Erhebungszeitpunkt zu berechnet (siehe Annex 1). Die latente Variable *Arbeitsleistung* entspricht den statistischen Bedingungen[17]. Die latente *Arbeitsleistung* wird auf einer Likert-Skala von 1 bis 5 gemessen.

3.3 Moderator - Subjektives Alter

Die Frage „*Wie alt fühlen Sie sich, unabhängig von Ihrem Alter?*" misst das Subjektive Alter als einen selbsteingeschätzten Wert. Dieses findet, angegeben in Jahren, unverändert als Moderator Verwendung, da die Theorie der Reziprozität und des sozialen Austauschs einen linearen Effekt postuliert und somit eine Umrechnung zum relativen Subjektiven Alter nicht notwendig ist. Dabei gibt es mehrere Ausreißer, die keinen Sinn ergeben[18]. Deshalb werden alle Befragten, die ein Subjektives Alter angegeben haben, das mindestens doppelt so alt oder halb so jung ist im Vergleich zum Chronologische Alter, aus dem Datensatz entfernt. Dies ergibt nach Abzug von weiteren zehn Befragten eine finale Stichprobe aus 524 Teilnehmern (siehe Annex 1).

3.4 Kontrollvariablen

Im Folgenden werden die in dieser Arbeit verwendeten Kontrollvariablen beschrieben und deren Verwendung begründet.

3.4.1 Arbeitsleistung T_0

Um festzustellen, ob sich die unabhängige Variable Home-Office tatsächlich auf die abhängige Variable Arbeitsleistung auswirkt, erfolgt die Messung von Home-Office zum Zeitpunkt T_0 und die der Arbeitsleistung zum Zeitpunkt T_1. Zur Überprüfung der Arbeitsleistung wird diese zum

---

[17] Die Ergebnisse zum Zeitpunkt T_1 zeigen ein MSA-Wert von 0.74, SS-loadings von 2.2, Conbachs Alpha von 0.89 und folgenden Faktorladungen: PF_01_01: 0.83; PF_01_02: 0.91; PF_01_03: 0.83.

[18] Beispielsweise ein 44-jähriger der sich 150 Jahre alt fühlt oder ein 36-jähriger der sich 1 Jahr alt fühlt.

Zeitpunkt T_0 als Kontrollvariable verwendet. Hierbei ist zu erwarten, dass ein starker Zusammenhang zwischen der Leistung T_0 und T_1 besteht, da sich die Befragten zu beiden Zeitpunkten im Home-Office befunden haben.

3.4.2 Chronologisches Alter

Da das Subjektive Alter als Moderator Verwendung findet, wird das Chronologische Alter, das mit dem Subjektiven Alter interkorreliert, überprüft. Die T_0 Befragung erfasst das Chronologische Alter in Jahren.[19]

3.4.3 Geschlecht

Das Geschlecht findet in der Messung als männlich, weiblich oder divers Berücksichtigung, wobei divers als Filterfrage verwendet wurde.[20] Da beispielsweise Hill et al. (1998) einen signifikanten Unterschied der Produktivität im virtuellen Büro zwischen Männern und Frauen herausgefunden haben, kontrolliert die vorliegende Arbeit auf das Geschlecht. Dies ist auch deshalb von großem Interesse, da einige Wissenschaftler prognostizieren (siehe Rudolph et al. (2020)), dass die SARS-CoV-2 Pandemie einen starken Einfluss auf die beruflich-familiären Verhältnisse hat und in einer Rückkehr zu traditionelleren Geschlechterrollen resultieren könnte.

3.4.4 Telecommuting Tenure

Die Arbeit und Kommunikation im Home-Office erfolgt überwiegend digital. Es kann davon ausgegangen werden, dass es einer gewissen Eingewöhnungszeit an die neue Arbeitsweise bedarf. Aus diesem Grund gilt es zu überprüfen, wie versiert die befragten Arbeitnehmer im Umgang mit Home-Office sind und ob sie schon entsprechende Erfahrung gesammelt haben (Raghuram et al., 2003, S. 187). Hierfür wird die Frage zur *Telecommuting Tenure* verwendet, also ein Frage-Item, das die Erfahrung mit Telearbeit in Jahren abfragt[21]. Da davon auszugehen ist, dass es sich um einen nicht linearen Zusammenhang handelt und das erste Jahr Erfahrung einen größeren Unterschied macht als das zweite oder weitere Jahre Erfahrung mit der Arbeit im Home-Office, wird diese Variable zur Dummy Variable umformatiert. Alle Befragten, die weniger als ein Jahr im Home-Office gearbeitet haben werden mit 0 gekennzeichnet. Alle Befragten, die ein Jahr oder mehr Erfahrung haben bekommen eine 1 im Datensatz.

---

[19] Frage QC02_01: „*Wie alt sind Sie?*“

[20] Frage Item QC01: „*Ich identifiziere mich als? (1) männlich, (2) weiblich, (3) divers*.“ Hierbei handelt es sich um Filterfragen der Umfrage der Konstanzer Home-Office-Studie. Insgesamt wurden aufgrund dessen vier Teilnehmer, dich sich als divers identifizieren, von der T_0-Befragung ausgeschlossen.

[21] DG07_01: „*Seit wie vielen Jahren arbeiten Sie bereits regelmäßig im Home Office*?“

3.4.5 Kurzarbeit

Aufgrund von SARS-CoV-2 kam es, wie in der Einleitung beschrieben, zu einem enormen Anstieg von Kurzarbeit. Deshalb ist anzunehmen, dass sich die Arbeitsleistung von Arbeitnehmern, die in Kurzarbeit sind, von denen in regulärer Arbeit unterscheiden. Darum nimmt die Untersuchung die Frage (DG15) bezüglich Kurzarbeit als Kontrollvariable auf. Die Befragten, in Kurzarbeit, werden mit 0 codiert und die regulär arbeitenden Befragten mit 1.

3.4.6 Kinder

Ein weiterer Bereich, der sich aufgrund von SARS-CoV-2 extrem verändert hat, ist die Kinderbetreuung und der Schulunterricht. Wie beschrieben waren zur Zeit der Befragung alle Schulen und Kitas geschlossen, wodurch sich die Eltern selbst um die Betreuung der Kinder kümmern mussten. Hierbei kann es natürlich sein, dass Eltern, die von zuhause arbeiten und ihre Kinder gleichzeitig betreuen müssen, das Home-Office und ihre eigene Produktivität anders wahrnehmen als Arbeitnehmer ohne Kinder. Zur Überprüfung, ob dies eine Auswirkung auf die Wahrnehmung des Home-Office und damit auf die Arbeitsleistung hat, wird die Frage ob die Befragten Kinder haben oder mit Kindern in einem Haushalt leben als Dummy-Variable verwendet.[22] Hierzu sind alle Befragten, die ohne Kindern in einem Haushalt leben mit der Ausprägung 0 codiert und alle, die mindestens mit einem Kind leben, erhalten die Ausprägung 1.

3.4.7 Einsamkeit

Ein weiterer und letzter Aspekt, auf den die vorliegende Arbeit kontrolliert, ist die Einsamkeit. Durch die Isolation in Folge der Einschränkungen des sozialen Lebens und des Social Distancings ist es möglich, dass die Einsamkeit im Home-Office verstärkt wird. So könnte sich dieser besondere Umstand auch auf die berufliche Isolation auswirken oder generell die Arbeitsleistung mindern (Golden et al., 2008; Kurland & Bailey, 1999). Die vorliegende Arbeit misst Einsamkeit im Home-Office auf einer Likert-Skala von 1 ("Stimme überhaupt nicht zu") bis 5 ("Stimme völlig zu").

3.5 Der finale Datensatz

Die Stichprobe der repräsentativen Befragung von Kunze und Zimmermann (2020) hat sich aufgrund der Datenreinigung und dem distinkten Interesse für spezifische Frage-Items verringert. Im Folgenden werden die Charakteristika der finalen Stichprobe angegeben. In

---

[22] DG12_03: *„Leben Sie mit Kindern?"*

Klammern sind dahinter die Werte für die Ursprungsstichprobe aus der T_0-Befragung dargestellt. Die finale Stichprobe besteht zu 59 Prozent (56%) aus Männern. Im Durchschnitt sind die Befragten 44 (47) Jahre alt, 32 Prozent (34%) der Befragten leben mit mindestens einem Kind im Haushalt und 62 Prozent (61%) haben mindesten ein Jahr Erfahrung mit Telearbeit. Durch die Bereinigung des Datensatzes nimmt der Anteil der Männer etwas zu und das durchschnittliche Alter verändert sich leicht. Dennoch ist durch die Bereinigung des Datensatzes kein allzu großer Unterschied zwischen der Ursprungsstichprobe und der finalen hier verwendeten Stichprobe entstanden.

Tabelle 1
Deskriptive Statistik

Variablen	Mittelwert	Median	Modus	Standardabweichung
1. Geschlecht	1,40	1	1	0,5
2. Chronologisches Alter	44	43,5	53	12,4
3. Subjektives Alter	39	39	40	11,1
4. Leistung T0	4,3	4,3	5	0,7
5. Leistung T1	4,2	4,3	5	0,8
6. Home-Office Anteil	80,5	90	100	24,2
7. Kinder	0,3	0	0	0,5
8. Telecommuting Tenure	0,60	1	1	0,5
9. Kurzarbeit	0,90	1	1	0,3
10. Einsamkeit	2,90	3	1	1,4

Anmerkung: Die Zahlen sind auf die erste Nachkommastelle gerundet. Geschlecht: 1 = männlich, 2= weiblich; Chronologisches Alter in Jahren; Subjektives Alter in Jahren; Leistung auf einer Likert-Skala von 1 bis 5; Kinder: keine Kinder = 0, mit Kindern = 1; Telecommuting Tenure: unter einem Jahr Erfahrung = 0, über einem Jahr Erfahrung = 1; Kurzarbeit: Ja = 0, Nein = 1, Einsamkeit auf einer Likert-Skala von 1 bis 5.

4. Analyse

4.1 Modelle

Zur Analyse der Hypothesen und Beantwortung der Forschungsfrage werden drei Modelle erstellt. Das erste Modell enthält lediglich die sieben Kontrollvariablen.

Modell 1: $Leistung_{T1}$: $\beta_0 + \beta_1$ *Leistung_T0* + β_2 *Chronologisches Alter* + β_3*Geschlecht* + β_4 *Telecommuting-Tenure* + β_5*Kurzarbeit* + β_6 *Kinder* + β_7 *Einsamkeit* + ε_i

Das zweite Modell ist um den zu untersuchenden Haupteffekt erweitert, also Home-Office und die Moderatorenvariable Subjektives Alter. Anhand von Modell zwei wird die Hypothese 1 überprüft, ob sich der im Home-Office verbrachte Anteil positiv auf die Arbeitsleistung auswirkt.

Modell 2: *Leistung*$_{T1}$: β_0 + β_1 *Leistung_T0* + β_2 *Chronologisches Alter* + β_3*Geschlecht* + β_4 *Telecommuting-Tenure* + β_5*Kurzarbeit* + β_6*Kinder* + β_7 *Einsamkeit* + β_8*Home-Office* + β_9*Subjektives Alter* + ε_i

Im dritten Modell kommt noch der Interaktionsterm hinzu, um die Hypothese 2, also die Moderation des Subjektiven Alters auf die Beziehung von Home-Office und Arbeitsleistung, zu überprüfen.

Modell 3: *Leistung*$_{T1}$: β_0 + β_1 *Leistung_T0* + β_2 *Chronologisches Alter* + β_3*Geschlecht* + β_4 *Telecommuting-Tenure* + β_5*Kurzarbeit* + β_6 *Kinder* + β_7 *Einsamkeit* + β_8*Home-Office* + β_9*Subjektives Alter* + β_{10}*Home-Office*Subjektives Alter* +ε_i

4.2 Robustheitschecks der Modelle

Um die Aussagekraft der Modelle und das Vorgehen der Analyse zu überprüfen, erfolgen zunächst fünf Robustheitschecks. Diese dienen dem Zweck herauszufinden, ob es zu Verfälschungen der Ergebnisse durch falsche Annahmen über die Stichprobe kommen kann.

4.2.1 Logtransformation der Arbeitsleistung

Da den Modellen ein linearer Zusammenhang unterstellet wird aber auch ein nichtlinearer Effekt von Subjektiven Alter vorstellbar ist, erfolgt zur Überprüfung einer besseren Passung eine Logtransformation der abhängigen Variable. Somit werden drei neue Modelle, die Modelle 1.1, 2.1 und 3.1 erstellt, die den Effekt im Falle eines nichtlinearen Zusammenhanges abbilden. Die drei Modelle 1.1, 2.1 und 3.1 verfügen nun über die logtransformierten Variablen Arbeitsleistung zum Zeitpunkt T_0 und T_1 (siehe Annex 4). Sie zeigen durch die Logtransformation geringere Standardfehler der Residuen[23], aber das angepasste R^2 ist gleichzeitig gesunken (siehe Annex 6)[24]. Dennoch lassen sich die gleichen Tendenzen wie in den Modellen 1 bis 3 ohne Logtransformation beobachten. Der Haupteffekt von Home-Office ist nicht signifikant (p-Wert = 0.43) und der geschätzte Parameter ist sehr klein und negativ (-2.2e-4). Der Interaktionsterm ist zwar bei einem Signifikanzniveau von 10 Prozent signifikant (p = 0.0592), aber der geschätzte Parameter ist noch viel kleiner (4.830e-05) als beim linearen Model 3. Diese Ergebnisse zeigen, dass die Unterstellung eines nichtlinearen Zusammenhangs zwar die Standardfehler der Residuen verkleinert, aber die Prognosefähigkeit der Modelle

---

[23] Standardfehler der Residuen in Klammern die Werte der logtransformierten Modelle: Modell 1: 0.69 (0.1508); Modell 2: 0.66 (0.1509); Modell 3: 0.6583 (0.1505).

[24] Angepasste R^2 in Klammern die Werte der logtransformierten Modelle: Model 1: 0.3208 (0.2652); Modell 2: 0.3188 (0.2636); Modell 3: 0.3224 (0.2673).

geringer ist als ohne Transformation. Deshalb können der lineare Zusammenhang unterstellt und die linearen Modelle 1-3 für diese Arbeit analysiert werden. Gleichzeitig zeigen die logtransformierten Modelle aber die gleichen Tendenzen wie die linearen Modelle 1 bis 3.

4.2.2 Modelle ohne Kontrollvariablen und Interaktionsterm

Zur zusätzlichen Überprüfung werden zwei weitere Modelle, Modell 4 und 5, erstellt. Modell 4 ohne Kontrollvariablen (lediglich Haupteffekt und Interaktionsterm) und Modell 5, in dem nur noch der Haupteffekt vorhanden ist (siehe Annex 3 und Annex 4). Beide Modelle erklären nur eine sehr geringe Varianz der Arbeitsleistung (Modell 4 $R^2 = 0.02$; Modell 5 $R^2 = 0.0004$). In Modell 4 sind Home-Office und Subjektives Alter aufgrund des Interaktionsterms, der eine höhere Korrelation mit den beiden Variablen hat, nicht signifikant. In Modell 5 ist Home-Office kaum signifikant ($p = 0.057$) und das Subjektive Alter signifikant ($p = 0.0012$). Dies zeigt, dass die beiden Variablen und vor allem das Subjektive Alter mit der Arbeitsleistung zusammenhängen und mögliche Prädiktoren seien können.

4.2.3 Multikollinearität, Heteroskedastizität und Autokorrelation

Um die Datengrundlage der Modelle zu überprüfen werden drei weitere mögliche Effekte betrachtet, welche die Resultate der Modelle 1 bis 3 verfälschen können.

Zunächst wird überprüft, ob eine Multikollinearität vorliegt. Dafür wird eine Korrelationsmatrix aller unabhängigen Variablen erstellt (siehe Annex 4). Hierbei interkorrelieren die Leistung zum Zeitpunkt T_0 und T_1 (0.56) und das Subjektive Alter mit dem Chronologischen Alter (0.81). Dies ist nachvollziehbar, da das Subjektive Alter vom Chronologischen Alter abhängt, es für die Leistung zum Zeitpunkt T_1 kontrolliert wird und hier eine geringe Korrelation bedenklich wäre. Bei den restlichen Variablen sind die Korrelationen sehr gering, weshalb nicht von einer Multikollinearität auszugehen ist.

Als nächstes wird die Heteroskedastizität überprüft. Diese liegt vor, wenn die Varianz der Residuen nicht konstant ist. Hierfür werden die Residuen geplottet (siehe Annex 4) und eine Gerade in den Plot gelegt. Diese Gerade der Residuen sollte nicht von der Null abweichen, da sonst eine Heteroskedastizität der Residuen vorliegt. In diesem Fall gibt es nur geringe, aber keine bedenklichen Abweichungen der Residuen, weshalb keine bedenkliche Heteroskedastizität vorliegt.

Als letztes erfolgt die Prüfung auf Autokorrelation mithilfe des Durbin-Watson-Tests (siehe Annex 4). Der Wert für alle drei Modelle liegt bei circa 2.05 und deutet somit auf nicht korreliert Residuen hin.

5. Ergebnisse

5.1 Auswirkungen von Home-Office auf die Arbeitsleistung

Die Überprüfung auf Kontrollvariablen im ersten Modell zeigt, dass diese schon 32 Prozent der Varianz der Arbeitsleistung erklären (siehe Tabelle 2) aber bis auf die Arbeitsleistung und das Chronologische Alter keine der Kontrollvariablen einen signifikanten Einfluss hat. Da ein Einfluss vom Alter angenommen und für Arbeitsleistung kontrolliert wurde, zeigen die Ergebnisse von Modell 1 die angenommene Tendenz, die im Folgenden genauer analysiert wird.

Um den prognostizierten Haupteffekt zu untersuchen wird die OLS-Regression im zweiten Modell analysiert, die in Tabelle 2[25] abgebildet ist. Hierbei zeigt sich, dass es keinen signifikanten Zusammenhang von Home-Office und Arbeitsleistung gibt (p-Wert = 0.6). Aufgrund dessen muss die erste Hypothese, nach der sich das Arbeiten im Home-Office positiv auf die Arbeitsleistung auswirkt, negiert werden. Das zweite Modell, welches den Haupteffekt mit Kontrollvariablen enthält, erklärt rund 32 Prozent[26] der Varianz von der abhängigen Variable Arbeitsleistung und das gesamte Modell ist signifikant[27].

5.2 Moderationseffekt des Subjektiven Alters

Anhand des dritten Modells lässt sich testen, inwiefern Hypothese 2, dass das Subjektive Alter die Beziehung von Home-Office auf die Arbeitsleistung verstärkt und ob ein Interaktionseffekt besteht, zutrifft. Auch das dritte Modell ist signifikant[28] und erklärt 32 Prozent[29] der Varianz der Leistung. Die Ergebnisse sind in Tabelle 2 abgebildet. Der Interaktionsterm von Home-Office und Subjektiven Alter ist bei einem Signifikanzniveau von 10 Prozent signifikant. Da der p-Wert von 0.0527 aber sehr nah an der Grenze zum Signifikanzniveau von 5 Prozent ($p < 0.05$) liegt, wird der Interaktionseffekt nicht verworfen und kann im Folgenden genauer betrachtet werden.

---

[25] Bei der Erstellung der Regressionstabelle wurde die Funktion *stargazer* von Havec (2018) verwendet.

[26] Angepasstes $R^2 = 0.3188$

[27] P-Wert für das gesamte Modell: <2.2e-16. Hierbei muss aber beachtet werden, dass die Kontrolle auf Leistung zum Zeitpunkt T_0 diesen Wert stark beeinflusst, da er nur angibt, dass es mindestens eine Kovariate gibt, die einen signifikanten Einfluss auf die abhängige Variable hat.

[28] P-Wert für das gesamte Modell: <2.2e-16. Hierbei muss aber beachtet werden, dass die Kontrolle auf Leistung zum Zeitpunkt T_0 diesen Wert stark beeinflusst, da er nur angibt, dass es mindestens eine Kovariate gibt, die einen signifikanten Einfluss auf die abhängige Variable hat.

[29] Angepasstes R^2: 0.3188

Um den Interaktionseffekt zu analysieren, werden drei Simple Slopes berechnet (siehe Annex 3). Zunächst erfolgt die Berechnung eines Simple Slope für ein geringes Subjektives Alter (-1 Standardabweichung), dann für das durchschnittliche Subjektive Alter und als drittes ein Simple Slope für ein hohes Subjektives Alter (+1 Standardabweichung). Die Ergebnisse der Berechnungen legen dar, dass das Home-Office bei geringem Subjektiven Alter (Simple Slope -1 Standardabweichung) bei einer Erhöhung um eine Maßeinheit ein signifikanter Prädiktor ($p < .1$) ist und die Arbeitsleistung um 0.003 verringert. Dazu ist auch der Interaktionsterm signifikant. Bei den beiden anderen Slopes (durchschnittliches Subjektives Alter und +1 Standardabweichung) ist Home-Office nicht signifikant und somit kein Prädiktor für die Arbeitsleistung, aber die beiden Interaktionsterme sind signifikant. Dies weist darauf hin, dass sich die Simple Slopes ändern, aber der Haupteffekt, also der Effekt von Home-Office auf die Arbeitsleistung, nicht signifikant ist. Der Effekt von Home-Office auf die Arbeitsleistung ist also positiv, wenn das Subjektive Alter zunimmt. Dennoch ist die Effektstärke des Interaktionsterms sehr gering (2.2e-4) und so ist auch die positive Auswirkung von Home-Office bei einem hohem Subjektiven Alter auf die Arbeitsleitung gering.

6. Diskussion

In dieser Arbeit wurde überprüft, welchen Effekt das Arbeiten im Home-Office auf die Arbeitsleistung hat. Die Ergebnisse suggerieren, dass es keine direkte Auswirkung von dem Anteil, der im Home-Office gearbeitet wird, auf die Arbeitsleistung gibt. Auch die Kontrolle des Haupteffekts ohne Kontrollvariablen zeigt, dass es keine Verbindung zwischen dem Anteil, der an einem Tag im Home-Office gearbeitet wird, und der Arbeitsleistung gibt.[30] Die erste Hypothese die besagt je mehr im Home-Office gearbeitet wird, umso besser ist die Arbeitsleistung, ist somit widerlegt. Dies stimmt auch mit der Literatur über die Auswirkungen von flexiblen Arbeitsmethoden auf die Arbeitsleistung überein. Es wird verdeutlicht, dass die Annahme, je flexibler die Arbeitsumstände, desto besser die Arbeitsleistung, zu einfach ist und die komplexe Arbeitsrealität nicht abbilden kann (Golden & Gajendran, 2019; Solís, 2017).

[30] Modell 4 in dem nur der Haupteffekt und der Interaktionsterm ohne Kontrollvariablen berechnet wird (siehe Annex 3), zeigt, dass es keinen signifikanten Effekt gibt und dass das angepasste R^2 ist gleich als 0.02.

Tabelle 2
Regressionsoutput der Modelle 1 bis 3

	Abhängige Variable: Arbeitsleistung		
	Modell 1	Modell 2	Modell 3
Unabhängige Variablen (**Haupteffekt**, *Kontrollvariablen*)	(1)	(2)	(3)
Leistung T0	0.60***	0.61***	0.61***
	(0.04)	(0.04)	(0.04)
Chronologisches Alter	0.01***	0.01	0.01*
	(0.002)	(0.004)	(0.004)
Geschlecht	-0.004	-0.005	-0.002
	(0.06)	(0.06)	(0.06)
Telecommuting Tenure	0.02	0.02	0.02
	(0.06)	(0.06)	(0.06)
Kurzarbeit	-0.08	-0.07	-0.07
	(0.09)	(0.09)	(0.09)
Kinder	0.08	0.07	0.08
	(0.06)	(0.06)	(0.06)
Einsamkeit	-0.02	-0.02	-0.03
	(0.02)	(0.02)	(0.02)
Home-Office		-0.001	-0.01**
		(0.001)	(0.004)
Subjektives Alter		0.002	-0.02
		(0.005)	(0.01)
Home-Office:Subjektives Alter			0.0002*
			(0.0001)
Konstante	1.48***	1.48***	2.12***
	(0.28)	(0.29)	(0.44)
R^2	0.33	0.33	0.34
Angepasstes R^2	0.32	0.32	0.32
Residualer Std. Fehler	0.66 (df = 516)	0.66 (df = 514)	0.66 (df = 513)
F-Statistik	36.28*** (df = 7; 516)	28.19*** (df = 9; 514)	25.89*** (df = 10; 513)
Signifikanzniveau	*p<0.1; **p<0.05; ***p<0.01		

Anmerkung: Koeffizienten mit Standardfehler in Klammern.

Die selbsteingeschätzte Arbeitsleistung hat jedoch ein sehr hohes durchschnittliches Niveau (Mittelwert: 4,2; Median: 4,3; Modus: 5; auf eine Likert-Skala von 1-5). Der Anteil, der an einem Tag im Home-Office gearbeitet wird, hat somit zwar keinen direkten Effekt auf die Arbeitsleistung. Jedoch ist die generelle Arbeitsleistung bei einem sehr hohen Anteil an gearbeiteter Zeit im Home-Office (Mittelwert: 80%; Median: 90%, Modus: 100%) ziemlich hoch. Dies deckt sich mit dem in der Fachliteratur beschriebenen allgemeinen positiven Effekt von Home-Office auf die Arbeitnehmer (Hill et al., 2003; Vega et al., 2015).

In der Auswertung zeigt sich des Weiteren eine leicht signifikante Interkation von Subjektivem Alter und Home-Office. So wirkt sich das Subjektive Alter positiv verstärkend auf die Arbeitsleistung aus, wenn im Home-Office gearbeitet wird. Dieses Ergebnis bestätigt somit die Annahme, dass subjektiv ältere Mitarbeiter tendenziell das Home-Office effektiver nutzen als jüngere Angestellte. Damit wird auch die hier verwendete Theorie der lebenslangen Entwicklung bestärkt. Angelehnt an Heckhausen (1997) besagt diese, dass die subjektiv älteren Arbeitnehmer das Home-Office als Hilfsmittel für die kompensatorische Primärkontrolle verwenden und durch die selektive Sekundärkontrolle motivierter sind, im Home-Office zu arbeiten, um ihre altersbedingten nachlassenden Fähigkeiten zu kompensieren. Dieses Resultat deckt sich mit den Ergebnissen von Bal und Lange (2015), die festgestellt haben, dass die Nutzung von flexiblen Arbeitsmethoden bei älteren Arbeitnehmer zu einer Verbesserung der Leistung und bei jüngeren Arbeitnehmer zu einer Verbesserung des Engagements führt. Dennoch muss die Moderation des Subjektiven Alters abgeschwächt werden, da die Stärke des Interaktionseffekts mit 2.2e-4 sehr gering ist. Auch ist der Effekt mit Vorsicht zu interpretieren, da das in der Wissenschaft etablierte Signifikanzniveau von 95 Prozent knapp verfehlt wurde. Dennoch liegt der p-Wert nur knapp außerhalb dieses Signifikanzniveaus, sodass eine Tendenz erkennbar ist mit gleichzeitigem Vorbehalt einer erhöhten Fehlerwahrscheinlichkeit.

Für die Beantwortung der Forschungsfrage bedeuten die Ergebnisse, dass sich das Arbeiten im Home-Office nicht direkt positiv auf die Arbeitsleistung auswirkt, diese aber umgekehrt auch nicht negativ beeinflusst wird. Währenddessen besteht die Möglichkeit, dass sich das zunehmende Subjektive Alter positiv auf die Beziehung von Home-Office und Arbeitsleistung auswirkt und die Arbeitsleistung im Home-Office zunimmt. Deshalb wird die Moderationshypothese im Gegensatz zur Hypothese 1 nicht verworfen.

7. Implikationen für die Theorie und Wissenschaft

Die Ergebnisse dieser Arbeit und das daraus resultierende negieren der Hypothese 1 zeigt, dass die Auswirkungen von Home-Office auf die Arbeitsleistung viel komplexer sind, als dass zum Erreichen einer höheren Arbeitsleistung lediglich zu einem höheren Anteil am Tag im Home-Office gearbeitet werden kann. Es muss in Zukunft noch viel genauer differenziert werden, welche Umstände und Variablen einen Einfluss auf die Arbeitsleistung im Home-Office haben.

Diese Arbeit ging von einem generellen Gewinn an Flexibilität für alle Angestellten aus und zog somit den Schluss, je mehr im Home-Office gearbeitet wird, desto flexibler seien die Angestellten in der Ausführung ihrer Arbeit. Im Gegensatz dazu weisen Shockley und Allen (2007) auf die starken Unterschiede der Flexibilität unter den Angestellten hin. Ein Angestellter, der durch die Pandemie zu 100 Prozent im Home-Office arbeitet, aber strengen Regularien bezüglich der Arbeitszeit unterworfen ist - beispielsweise feste Zeiten von 9 bis 17 Uhr im Kundensupport - gewinnt durch die Arbeit von zuhause nicht ein höheres Maß an Flexibilität. Er muss trotzt Home-Office zu der vorgeschriebenen Zeit durchgängig am Telefon oder Laptop sein. Andererseits kann jemand, der bestimmte Aufgaben bis zu einer vereinbarten Frist erledigt haben muss, das Arbeiten im Home-Office ganz anders nutzen und gewinnt an Flexibilität. Er kann frei entscheiden, wann er seine Aufgaben erledigt und spart sich dazu die Zeit und den Weg, um ins Büro zu gelangen (Shockley & Allen, 2007, S. 481). Aufgrund dessen sollte die Theorie der Reziprozität und des sozialen Austauschs nicht generell als Erklärung für die Effekte des Home-Office abgelehnt werde. Eine genauere Analyse der Jobspezifika könnte Aufschluss über die Art und Weise geben, wie sich das Home-Office auf die Flexibilität jedes einzelnen Angestellten auswirken kann.

Darüber hinaus gilt es zukünftig die optimale Anzahl an Tagen oder Stunden zu untersuchen, die im Home-Office gearbeitet wird. Diese Studie analysiert den Anteil, der an einem Tag im Home-Office gearbeitet wird und kann keinen linearen oder nichtlinearen Zusammenhang zwischen Home-Office und Arbeitsleistung feststellen. Eine höhere Aussagekraft könnte die Überprüfung der Tage im Home-Office bieten. Mittels einer solchen Herangehensweise kamen Gajendran und Harrison (2007) zu dem ambivalenten Ergebnis, dass sich eine Arbeit von mehr als 2,5 Tagen pro Woche im Home-Office zwar positiv auf den Arbeits-Familien-Konflikt auswirkt, aber gleichzeitig der Beziehung zu den Kollegen schadet. Vega et al. (2015, S. 320) haben in ihrer Studie gezeigt, dass sogar die Erlaubnis, nur einen Tag pro Lohnzahlungsperiode in Telearbeit zu verbringen, die Performanz und Zufriedenheit an diesem Tag steigert. Allerdings haben sie mögliche negative Auswirkungen in diesem Zusammenhang nicht gemessen. Diese beiden Studien weisen darauf hin, dass die in der vorliegenden Studie gewählte Analyseeinheit des Home-Office als Arbeitsanteil an einem Tag möglicherweise zu fein ist und sich die Unterschiede eher auf Tageslevel zeigen.

Aufgrund des leicht signifikanten Interaktionsterms von Subjektivem Alter und Home-Office sollte der theoretische Ansatz auf Basis des Modells der Optimierung mit Kompensation von Baltes und Baltes (2010) und die Theorie der lebenslangen Entwicklung (Heckhausen, 1997; Heckhausen & Schulz, 1993; Heckhausen, Wrosch & Schulz, 2010) nicht verworfen werden. Die Arbeit konnte einen positiv bestärkenden Einfluss des Subjektiven Alters auf die Nutzung des Home-Office und damit auf die Arbeitsleistung nachweisen. So ist die Annahme der Kompenstation von altersbedingten Verlusten und die Motivation zur Nutzung von Home-Office eine vielversprechende Erklärung für diesen Effekt.

8. Praktische Implikationen

Aus dieser Arbeit geht hervor, dass das Arbeiten im Home-Office nicht direkt mit einem Anstieg der Arbeitsleistung in Verbindung steht. Dennoch konnte durch die Befragung von mehr als 520 Arbeitnehmern gezeigt werden, dass sich ein schnellerer Umstieg zum fast vollständigen[31] Arbeiten im Home-Office sich auch nicht negativ auf die Arbeitsleistung ausgewirkt hat[32]. Dies traf auch nicht auf Angestellte zu, welche keine Vorerfahrung mit dem Arbeiten im Home-Office haben.[33] Ängste der Vorgesetzten vor einem Kontrollverlust über die Arbeitnehmer, der zu einer geringeren Arbeitsleistung führen könnte, kann die vorliegende Arbeit nicht bestätigen. Deshalb sollten Unternehmen in Zukunft gründlich prüfen, ob und wie häufig im Home-Office gearbeitet werden kann. Ein Ansporn könnten auch die Erkenntnis von Kowalski und Swanson (2005) darstellen. Demnach ist der Grad der Kontrolle des Vorgesetzten ein entscheidender Faktor für den Erfolg von Telearbeit. Auch Solís (2017) verweist auf die wachsende Produktivität der Arbeitnehmer bei einer sinkenden Kontrolle durch ihre Vorgesetzten. Deshalb sollte im Home-Office der Entfall der direkten visuellen Kontrolle nicht durch andere Kontrollmechanismen kompensiert werden.

---

[31] In dieser Stichprobe haben die Befragten durchschnittlich 80% im Home-Office gearbeitet und der Median liegt bei 90%.

[32] Die Arbeitsleistung kann aufgrund fehlender Erhebungen nicht mit der vor Home-Office Zeit verglichen werden aber im Durchschnitt gaben die Befragten einen sehr hohen durchschnittlichen Score von 4,2 auf einer 5 Punkte Likert-Skala an.

[33] Von den Befragten der Konstanzer Home-Office Studie hatten 38% keine Vorerfahrung mit dem regelmäßigen Arbeiten im Home-Office.

9. Limitationen und zukünftige Forschungsperspektiven

Obwohl die Arbeit interessante Erkenntnisse bietet, ist diese auch Limitationen unterworfen.

Da durch die Pandemie so viele Menschen wie noch nie von zuhause arbeiteten, konnte zwar eine so große Stichprobe von Arbeitnehmern im Home-Office erstellt werden wie es bisher nicht möglich war, allerdings wirkt sich diese Krise auch negativ auf den Datensatz aus. So ist die Stichprobe nicht normalverteilt, sondern zeichnet sich durch eine linksschiefe Verteilung aus. Zudem arbeiteten die meisten Befragten im Home-Office mit einer hohen selbsteingeschätzten Arbeitsleistung. Es gibt also nur sehr wenige Befragte, die nur zu einem geringen Anteil im Home-Office gearbeitet haben und ihre Leistung selbst schlecht eingeschätzt haben. Deshalb kann, aufgrund von fehlender Daten dieser "untere" Bereich in dieser Arbeit nicht analysiert werden. Zudem ist die Arbeitsleistung ein schwer messbares Konstrukt, auf das sehr viele weitere Variablen neben dem Home-Office einen Einfluss haben.

Da die Befragung zum Zeitpunkt eines noch nie dagewesenen Einschnitts in das private Leben und die Arbeitswelt stattgefunden hat, konnte die selbsteingeschätzte Arbeitsleistung zwar zur Zeit der Krise abgefragt werden, es fehlt aber ein Vergleich mit der Leistung zur Zeit des "normalen" Arbeitsalltags. Da es nicht möglich ist, eine solche Krise vorherzusagen und keine Datenpunkte der Befragten zur Arbeitsleistung vor der kurzfristigen und ungeplanten Versetzung ins Home-Office vorliegen, kann kein Vergleich erfolgen, wie sich der Unterschied zwischen Home-Office und Arbeiten im Büro genau auf die Arbeitsleistung auswirkt. Diese Arbeit untersucht deshalb den Einfluss des Anteils, der im Home-Office gearbeitet wird auf die Arbeitsleistung. In zukünftigen Forschungen wäre es sinnvoll den direkten Vergleich von Home-Office zur Arbeit im Büro vergleichend zu analysieren. Hierfür könnten die Teilnehmer der vorliegenden Studie beispielsweise erneut befragt werden, wenn ein Stück "Normalität" in den Arbeitsalltag eingekehrt ist und zumindest teilweise wieder im Büro gearbeitet werden kann.

Bei der positiven Selbsteinschätzung der Arbeitsleistung im Home-Office besteht die Möglichkeit einer Verfälschung. Die Befragten könnten ihre Arbeitsleistung absichtlich besser einstufen und dem Arbeitgeber eine höhere Produktivität signalisieren, um sich nach der Krise die Möglichkeit des Home-Offices weiterhin zu erhalten (Vega et al., 2015, S. 320).

Des Weiteren wurde aus Gründen der besseren Durchführbarkeit dieser Arbeit ein Querschnittsdesign ausgewählt. Dadurch konnten die Auswirkungen des Anteils, der im Home-Office gearbeitet wurde, auf die Arbeitsleistung an einem Tag untersucht werden. Ein Längsschnittdesign wäre für zukünftige Forschungen sinnvoll, um die individuellen

Wandlungsprozesse und die Auswirkungen zu analysieren, wenn beispielsweise, wie schon angesprochen, die Befragten der Konstanzer Home-Office Studie wieder in den Büroalltag zurückkehren.

Die Datenerhebung durch eine Online-Befragung sollte keinen Limitation darstellen, da webbasierte Umfragen mit analogen Stift und Papier Umfragen vergleichbar sind und die Ergebnisse zuverlässig reproduzieren (Weiss & Lang, 2012, S. 20).

Problematisch kann zudem die Frage sein, wer überhaupt im Home-Office arbeiten kann. Dies hängt mit flexibler Arbeit an sich zusammen und wurde durch die Pandemie noch verstärkt. Dabei handelt es sich um eine privilegierte Gruppe, der es möglich ist, ihre Arbeit auch von zuhause aus durchzuführen. Deshalb können Studien, die sich mit Home-Office oder Remote Work auseinandersetzen, nicht für die gesamte Gesellschaft verallgemeinert werden. So hat das Wissenschaftliche Zentrum Berlin (WZB) mit ihrer Befragung zum Corona-Alltag gezeigt, dass Akademiker deutlich häufiger im Home-Office arbeiten: „Die Differenz beträgt jeweils etwa 20 Prozentpunkte im Vergleich zu Personen ohne Berufsausbildung, Personen mit abgeschlossener Berufsausbildung und zu Auszubildenden und Studierenden" (Bünning et al., 2020, S. 7). Dagegen ist für Menschen ohne Hochschulabschluss die Wahrscheinlichkeit höher, dass sie auf Grund von SARS-CoV-2 gar nicht mehr arbeiten können. Genauso besteht ein Zusammenhang zwischen dem Einkommensniveau und der Möglichkeit des Home-Office. So wechseln Angestellte, die gut von ihrem Einkommen leben können, öfter ins Home-Office als Angestellte, die gerade so oder schlecht mit ihrem Einkommen auskommen (Bünning et al., 2020, S. 9).

Die Ausnahmesituation, in welcher die Studie durchgeführt wurde, muss zudem Berücksichtigung finden. Alle Befragten waren sich dessen bewusst, dass die momentane Arbeitssituation ein temporäres Provisorium darstellt. So sind Ängste, die normalerweise bei Angestellten im Home-Office vorkommen, wie bei der Beförderung übergangen zu werden, Ressentiments gegenüber Kollegen im Home-Office oder der Verlust des Austauschs mit den Kollegen, hier nicht so stark vorhanden. So sind die Kollegen zwar fern, dies ist aber nicht nur dem Home-Office geschuldet, sondern auch dem generellen Social Distancing in der Pandemie.

Diese Arbeit verwendet das Subjektive Alter als Moderator und nicht das Chronologische Alter. Im Allgemeinen wird das Chronologische Alter in anderen Studien, die eine Auswirkung des Alters auf die Arbeitsleistung untersucht haben, genutzt. Da es sich bei der subjektiven Altersforschung um einen relativ jungen Forschungsstrang handelt, ist es von besonderem Interesse, diesen mit der Forschung zu flexiblen Arbeitsgestaltungen zu kombinieren. Die vorliegende Arbeit erweitert die wissenschaftliche Literatur durch die Synthese der subjektiven Altersforschung und der Forschung zu flexiblen Arbeitsmöglichkeiten. Für die Messung von Subjektivem Alter existieren unterschiedliche Ansätze (Kotter-Grühn et al., 2015, S. 90-91). Da in der hier verwendeten Befragung nur das gefühlte Subjektive Alter abgefragt wurde und mehrere extreme Angaben gemacht wurden, die keinen Sinn ergeben (ein 36-jähriger der sich ein Jahr alt fühlt oder ein 44-jähriger, der sich 150 Jahre alt fühlt), ist es für die Messgenauigkeit ratsam, bei zukünftiger Forschung eine genauere Messung des Subjektiven Alters durchzuführen.[34] Dennoch konnte durch diese Arbeit gezeigt werden, dass es eine Interaktionseffekt von Subjektiven Alter und dem Arbeiten im Home-Office gibt. Um diesen Effekt genauer zu untersuchen, könnte eine weiterführende Analyse des Einflusses von Subjektivem Alter auf das Home-Office ein vielversprechendes Forschungsfeld sein.

Zudem kann das theoretische Fundament für die virtuelle Arbeit ausgebaut werden. Diese Arbeit hat als holistischen Erklärungsansatz für die Arbeitsleistung im Home-Office die Theorie der Reziprozität und des sozialen Austauschs verwendet. Da die Hypothese 1 abgelehnt werden musste, scheint die Theorie durch die gesammelten Daten - zumindest für die hier untersuchte Hypothese - als theoretischer Unterbau für das flexible Arbeiten ungeeignet zu sein. Es muss auch beachtet werden, dass den Arbeitgebern keine andere Wahl blieb, als die Angestellten wegen der Pandemie zum Arbeiten ins Home-Office zu schicken. Dadurch könnte die Anwendbarkeit der Theorie abgeschwächt werden, da es sich bei der Versetzung ins Home-Office nicht um eine freiwillige Leistung der Arbeitgeber gehandelt hat. Die Ablehnung der Hypothese 1 kann aber auch mit der sehr feinen Messung des Home-Office als Anteil an einem Tag zusammenhängen und sollte, wie schon beschrieben, auf Tagesebene verglichen werden. Für die zukünftige Forschung ist es besonders wichtig, nicht nur einzelne Effekte quantitativ zu analysieren, die dem Arbeiten im Home-Office zugrunde liegen. Es müssen in Zukunft auch qualitative, theoriebasierte Studien vorangetrieben werden, um so die Hintergründe des flexiblen Arbeitens besser zu verstehen und nutzen zu können. Basierend auf dieser Arbeit könnte beispielsweise die Theorie der lebenslangen Entwicklung weiter ausgebaut werden, um die Effekte des Alterns genauer zu analysieren.

---

[34] Da das Subjektives Alter ein latentes Konstrukt ist, könnte das multidimensionale Konstrukt nach Kastenbaum et al. (1972) verwendet werden. Hierbei wird das (1) feel-age, (2) look-age, (3) do-age und (4) interest-age abgefragt. Diese vier Fragen haben sich als ein stabiler Prädiktor gezeigt (Teuscher, 2009, S. 22).

10. Zusammenfassung

Die Kollegen zu fern, das Bett zu nah? Die im Titel dieser Arbeit gestellte Frage, impliziert mögliche negative Effekte von Home-Office, wie eine geringe Kontrolle der Angestellten und ein damit einhergehender Leistungsabfall. Durch diese Arbeit konnte gezeigt werden, dass diese Befürchtung so nicht eintreten und es konnte sogar ein gegenteiliger Trend aufgezeigt werden. Die Untersuchung der Konstanzer Home-Office Studie von Kunze und Zimmermann 2020 hat gezeigt, dass die Sorge vor einem Leistungsabfall der Arbeitnehmer durch den Wechsel ins Home-Office unbegründet ist. Die Selbsteinschätzung der Arbeitsleistung, bei dem hier untersuchten abrupten Wechsel ins Home-Office, fällt sogar positiv aus. Gleichzeitig stimmt die in dieser Arbeit aufgestellte Annahme, je mehr im Home-Office gearbeitet werden kann, desto höher ist auch die Arbeitsleistung, nicht. So kann diese Arbeit als Ansporn gesehen werden, den Zusammenhang von Home-Office und Arbeitsleistung genauer zu untersuchen. Die Ergebnisse dieser Arbeit haben gezeigt, dass ein Recht auf Home-Office, wie es der Arbeitsminister Heil vorbereitet, sinnvoll und sehr attraktiv für Arbeitnehmer sein kann. Daraus aber die Erkenntnis zu ziehen, das Büro als Arbeitsstätte aufzugeben und nur noch auf das Home-Office zu setzen, ist zum jetzigen Zeitpunkt verfrüht und könnte sich sogar als kontraproduktiv erweisen.

Die aktuelle Pandemie kann und sollte genutzt werden, um die fünf Tageswoche und den nine-to-five Arbeitsalltag zu überdenken und hieraus neue, flexiblere und effizientere Arbeitsformen zu entwickeln. Hierbei kann die Ausarbeitung des theoretischen Fundaments besonders hilfreich sein, um die Wandlungsprozesse der Arbeitswelt besser verstehen und lenken zu können. Ein möglicher theoretischer Ansatz könnte die Theorie der lebenslangen Entwicklung sein, die in dieser Arbeit für die Erklärung des Moderationseffekts angewendet und bestätigt werden konnte. Abschließen lässt sich sagen, dass die Angestellte das Home-Office nicht mehr missen möchten. So ergab eine Umfrage im Auftrag der DAK während der Pandemie, dass circa 77 Prozent der Beschäftigten die seit der Pandemie regelmäßig im Home-Office, arbeiten dies zumindest teilweise auch in Zukunft beibehalten möchten (tagesschau.de, 2020b). Um diesen Trend zu unterstützten kann die Forschung ein entscheidender Wegbreiter sein den Wünschen nach mehr Flexibilität nachzukommen.

11. Literaturverzeichnis

Allen, T. D. (2001). Family-Supportive Work Environments: The Role of Organizational Perceptions. *Journal of Vocational Behavior*, *58*(3), 414–435. https://doi.org/10.1006/jvbe.2000.1774

Baden-Württemberg.de. (2020). *Landesweite Schließung von Schulen und Kindergärten*. Land Baden-Württemberg. https://www.baden-wuerttemberg.de/de/service/presse/pressemitteilung/pid/landesweite-schliessung-von-schulen-und-kindergaerten/

Bal, P. M., & De Lange, A. H. (2015). From flexibility human resource management to employee engagement and perceived job performance across the lifespan: A multisample study. *Journal of Occupational and Organizational Psychology*, *88*(1), 126–154. https://doi.org/10.1111/joop.12082

Baltes, P. B., & Baltes, M. M. (1990). Psychological perspectives on successful aging: The model of selective optimization with compensation. In *Successful Aging*, 1–34. https://doi.org/10.1017/cbo9780511665684.003

Bartscher, T., & Nissen, R. (2018). *Arbeitsleistung*. Springer Gabler. https://wirtschaftslexikon.gabler.de/definition/arbeitsleistung-27226/version-250887

Baruch, Y. (2000). Teleworking: Benefits and pitfalls as perceived by professionals and managers. *New Technology, Work and Employment*, *15*(1), 34–49. https://doi.org/10.1111/1468-005X.00063

Bélanger, F., Watson-Manheim, M. B., & Swan, B. R. (2013). A multi-level socio-technical systems telecommuting framework. *Behaviour and Information Technology*, *32*(12), 1257–1279. https://doi.org/10.1080/0144929X.2012.705894

Bitkom. (2020). *Corona-Pandemie : Arbeit im Homeoffice nimmt deutlich zu*. Bitkom.Org. https://www.bitkom.org/Presse/Presseinformation/Corona-Pandemie-Arbeit-im-Homeoffice-nimmt-deutlich-zu

Blau, P. M. (1964). Social Exchange. In *Exchange and Power in Social Life* (pp. 88–114). John Wiley & Sons, Inc..

Bünning, M., Hipp, L., & Munnes, S. (2020). Erwerbsarbeit in Zeiten von Corona. *Econstor*. https://wzb.eu/de/forschung/dynamiken-sozialer-ungleichheiten/arbeit-und-fuersorge/corona-alltag%0Ahttps://www.zeit.de/wirtschaft/2020-04/heimarbeit-homeoffice-corona-alltag-arbeitsbedingungen/komplettansicht

Colonia-Willner, R. (1998). Practical intelligence at work: Relationship between aging and cognitive efficiency among managers in a bank environment. *Psychology and Aging*, *13*(1), 45–57. https://doi.org/10.1037/0882-7974.13.1.45

De Menezes, L. M., & Kelliher, C. (2017). Flexible Working, Individual Performance, And Comparing Formal and Innformal Arrangements. *Human Resource Management*, *56*(6), 1051–1170. https://doi.org/10.1002/hrm.21822

Di Martino, V., & Wirth, L. (1990). Telework: A New Way of Working and Living. *International Labour Review*, *129*(5), 529–554.

Dimitrova, D. (2003). Controlling teleworkers: Supervision and flexibility revisited. *New Technology, Work and Employment*, *18*(3), 181–195. https://doi.org/10.1111/1468-005X.00120

Dodd, N. G., & Ganster, D. C. (1996). The interactive effects of variety, autonomy, and feedback on attitudes and performance. *Journal of Organizational Behavior*, *17*(4), 329–347. https://doi.org/10.1002/(SICI)1099-1379(199607)17:4<329::AID-JOB754>3.0.CO;2-B

Duxbury, L. E., Higgins, C. A., & Thomas, D. R. (1996). Work and family environments and the adoption of computer-supported supplemental work-at-home. *Journal of Vocational Behavior*, *49*(1), 1–23. https://doi.org/10.1006/jvbe.1996.0030

Fonner, K. L., & Roloff, M. E. (2010). Why teleworkers are more satisfied with their jobs than are office-based workers: When less contact is beneficial. *Journal of Applied Communication Research*, *38*(4), 336–361. https://doi.org/10.1080/00909882.2010.513998

Gajendran, R. S., & Harrison, D. A. (2007). The Good, the Bad, and the Unknown About Telecommuting: Meta-Analysis of Psychological Mediators and Individual Consequences. *Journal of Applied Psychology*, *92*(6), 1524–1541. https://doi.org/10.1037/0021-9010.92.6.1524

Göbel, C., & Zwick, T. (2012). Age and Productivity: Sector Differences. *De Economist*, *160*(1), 35–57. https://doi.org/10.1007/s10645-011-9173-6

Golden, T. D., & Gajendran, R. S. (2019). Unpacking the Role of a Telecommuter's Job in Their Performance: Examining Job Complexity, Problem Solving, Interdependence, and Social Support. *Journal of Business and Psychology*, *34*(1), 55–69. https://doi.org/10.1007/s10869-018-9530-4

Golden, T. D., & Veiga, J. F. (2008). The impact of superior-subordinate relationships on the commitment, job satisfaction, and performance of virtual workers. *Leadership Quarterly*, *19*(1), 77–88. https://doi.org/10.1016/j.leaqua.2007.12.009

Golden, T. D., Veiga, J. F., & Dino, R. N. (2008). The Impact of Professional Isolation on Teleworker Job Performance and Turnover Intentions: Does Time Spent Teleworking, Interacting Face-to-Face, or Having Access to Communication-Enhancing Technology Matter? *Journal of Applied Psychology*, *93*(6), 1412–1421.

Golden, T. D., Veiga, J. F., & Simsek, Z. (2006). Telecommuting's differential impact on work-family conflict: Is there no place like home? *Journal of Applied Psychology*, *91*(6), 1340–1350. https://doi.org/10.1037/0021-9010.91.6.1340

Gouldner, A. W. (1960). The Norm of Reciprocity : A Preliminary Statement Author. *American Sociological Association Stable*, *25*(2), 161–178. http://www.jstor.com/stable/2092623

Harvard Health Publishing. (2010). *What is cognitive reserve?* Harvard Health Publishing. https://www.health.harvard.edu/mind-and-mood/what-is-cognitive-reserve

Havec, M. (2018). *stargazer: LaTeX code and ASCII text for well-formatted regression and summary statistics tables*.

Heckhausen, J. (1997). Developmental regulation across adulthood: primary and secondary control of age-related challenges. *Developmental Psychology*, *33*(1), 176–187. https://doi.org/10.1037/0012-1649.33.1.176

Heckhausen, Jutta, & Schulz, R. (1993). Optimisation by Selection and Compensation: Balancing Primary and Secondary Control in Life Span Development. *International Journal of Behavioral Development*, *16*(2), 287–303. https://doi.org/10.1177/016502549301600210

Heckhausen, Jutta, Wrosch, C., & Schulz, R. (2010). A Motivational Theory of Life-Span Development. *Psychological Review*, *117*(1), 32–60. https://doi.org/10.1037/a0017668

Hill, E. J., Ferris, M., & Märtinson, V. (2003). Does it matter where you work? A comparison of how three work venues (traditional office, virtual office, and home office) influence aspects of work and personal/family life. *Journal of Vocational Behavior*, *63*(2), 220–241. https://doi.org/10.1016/S0001-8791(03)00042-3

Hill, E. J., Miller, B. C., Weiner, S. P., & Colihan, J. (1998). Influences of the virtual office on aspects of work and work/life balance. *Personnel Psychology*, *51*(3), 667–683. https://doi.org/10.1111/j.1744-6570.1998.tb00256.x

Horn, J. L., & Cattell, R. B. (1967). Age differences in fluid and crystallized intelligence. *Acta Psychologica*, *26*, 107–129. https://doi.org/10.1016/0001-6918(67)90011-X

Immowelt. (2020). *Corona-Krise treibt Homeoffice-Quote: Jeder 2. Berufstätige arbeitet aktuell von zu Hause*.

Kastenbaum, R., Derbin, V., Sabatini, P., & Artt, S. (1972). "The Ages of Me": Toward Personal and Interpersonal Definitions of Functional Aging. Aging and Human Development, 3(2), 197–211. https://doi.org/10.2190/TUJR-WTXK-866Q-8QU7

Kelliher, C., & Anderson, D. (2010). Doing more with less? flexible working practices and the intensification of work. *Human Relations*, *63*(1), 83–106. https://doi.org/10.1177/0018726709349199

Kotter-Grühn, D., Kornadt, A. E., & Stephan, Y. (2015). Looking Beyond Chronological Age: Current Knowledge and Future Directions in the Study of Subjective Age. *Gerontology*, *62*(1), 86–93. https://doi.org/10.1159/000438671

Kowalski, K. B., & Swanson, J. A. (2005). Critical success factors in developing teleworking programs. *Benchmarking*, *12*(3), 236–249. https://doi.org/10.1108/14635770510600357

Kurland, N. B., & Bailey, D. E. (1999). Telework: The advantages and challenges of working here, there, anywhere, and anytime. *IEEE Engineering Management Review*, *28*(2), 49–60.

Lautsch, B. A., Kossek, E. E., & Eaton, S. C. (2009). Supervisory approaches and paradoxes in managing telecommuting implementation. *Human Relations*, *62*(6), 795–827. https://doi.org/10.1177/0018726709104543

Nilles, J. M. (1994). *Making Telecommuting Happen: A Guide For Telemanagers And Telecommuters*.

Nilles, J. M. (1998). *Managing telework: Strategies for managing the virtual workforce*. (6th ed.).

Raghuram, S., Wiesenfeld, B., & Garud, R. (2003). Technology enabled work: The role of self-efficacy in determining telecommuter adjustment and structuring behavior. *Journal of Vocational Behavior*, *63*(2), 180–198. https://doi.org/10.1016/S0001-8791(03)00040-X

Rudolph, C. W., Allan, B., Clark, M., Hertel, G., Hirschi, A., Kunze, F., Shockley, K., Shoss, M., & Sonnentag, S. (2020). *Pandemics: Implications for Research and Practice in Industrial and Organizational Psychology*. https://psyarxiv.com/k8us2

Rudolph, C. W., Kunze, F., & Zacher, H. (2019). Getting Objective about Subjective Age: Introduction to a Special Issue. *Work, Aging and Retirement*, *5*(4), 265–272. https://doi.org/10.1093/workar/waz019

Rust, S. (2020). *So kam es zum Kontaktverbot*. Hr Info. https://www.hr-inforadio.de/programm/themen/so-kam-es-zum-kontaktverbot---corona-und-die-einschraenkungen,verbote-chronik-100.html

Salthouse, T. A. (1996). The Processing-Speed Theory of Adult Age Differences in Cognition. *Psychological Review*, *103*(3), 403–428. https://doi.org/10.1037/0033-295X.103.3.403

Scandura, T. A., & Lankau, M. J. (1997). Relationships of gender, family responsibility and flexible work hours to organizational commitment and job satisfaction. *Journal of Organizational Behavior*, *18*(4), 377–391. https://doi.org/10.1002/(SICI)1099-1379(199707)18:4<377::AID-JOB807>3.0.CO;2-1

Shockley, K. M., & Allen, T. D. (2007). When flexibility helps: Another look at the availability of flexible work arrangements and work-family conflict. *Journal of Vocational Behavior*, *71*(3), 479–493. https://doi.org/10.1016/j.jvb.2007.08.006

Skirbekk, V. (2004). Age and Individual Productivity : A Literature Survey. *Vienna Yearbook of Population Research*, *2*, 133–153.

Skirbekk, Vegard. (2008). Age and productivity capacity: Descriptions, causes and policy options. *Ageing Horizons*, *8*(8), 4–12.

Solís, M. (2017). Moderators of telework effects on the work-family conflict and on worker performance. *European Journal of Management and Business Economics*, *26*(1), 21–34. https://doi.org/10.1108/EJMBE-07-2017-002

Statista. (2020). *Anzahl der Kurzarbeiter in Deutschland von 1991 bis 2019 (Jahresdurchschnittswerte) und wegen Corona-Krise im März und April 2020 in Anzeigen zu Kurzarbeit genannte Personenzahl*. Statista. https://de.statista.com/statistik/daten/studie/2603/umfrage/entwicklung-des-bestands-an-kurzarbeitern/

Statistisches Bundesamt. (2019). *Statistisches Jahrbuch 2019. https://www.destatis.de/DE/Themen/Laender-Regionen/Internationales/Publikationen/jb-internationaler-anhang-2019.html*

Steverink, N., Lindenberg, S., & Slaets, J. P. J. (2005). How to understand and improve older people's self-management of wellbeing. *European Journal of Ageing*, *2*(4), 235–244. https://doi.org/10.1007/s10433-005-0012-y

Sullivan, C. (2012). Remote working and work-life balance. In *Work and quality of life*, 275-290.

tagesschau.de. (2020, a). Heil plant Recht auf Homeoffice. *Tagesschau.de*. https://www.tagesschau.de/inland/corona-homeoffice-heil-101.html

tagesschau.de. (2020, b). *Weniger Stress, mehr Produktivität*. Tagesschau.de. https://www.tagesschau.de/wirtschaft/homeoffice-studie-101.html

Teuscher, U. (2009). Subjective age bias: A motivational and information processing approach. *International Journal of Behavioral Development*, *33*(1), 22–31. https://doi.org/10.1177/0165025408099487

Vega, R. P., Anderson, A. J., & Kaplan, S. A. (2015). A Within-Person Examination of the Effects of Telework. *Journal of Business and Psychology*, *30*(2), 313–323. https://doi.org/10.1007/s10869-014-9359-4

Watzke, M. (2020). Siemens setzt dauerhaft auf Homeoffice. Deutschlandfunk. https://www.deutschlandfunk.de/zukunft-der-arbeit-siemens-setzt-dauerhaft-auf-homeoffice.769.de.html?dram:article_id=480719

Weiss, D., & Lang, F. R. (2012). "They" are old but "I" feel younger: Age-group dissociation as a self-protective strategy in old age. *Psychology and Aging*, *27*(1), 153–163. https://doi.org/10.1037/a0024887

Yougov. (2020). *Homeoffice wegen Corona : Nicht alle können , nicht alle wollen , viele müssen*. Yougov.De. https://yougov.de/news/2020/03/27/homeoffice-wegen-corona-nicht-alle-konnen-nicht-al/

IV. Appendix

Annex 1 Laden der Daten und Datenreinigung

```
setwd("~/Documents/Studium/Bachelor-Studium/8. Semester/Bachelorarbeit/Daten_BA_Pantenburg")
library("foreign")
library(haven, lib.loc = "/Library/Frameworks/R.framework/Versions/3.5/Resources/library")
install.packages("lmtest")

### Dateien Importieren
data_T0 <- read.spss("Home Office Studie_T0_Rohdaten_OhneDoppelteTeilnehmer.sav")
data_T1 <-read.spss("T1_Rohdaten.sav")

###Berechnung Leistungs-Item zum Zeitpunkt T0
T0_Items_Leistung <- data.frame(PF_01_01 = data_T0$PF01_01,
                                PF_01_02 = data_T0$PF01_02,
                                PF_01_03 = data_T0$PF01_03
)

T0_Items_Leistung_Mean <- cbind(T0_Items_Leistung,
                                rowMean= rowMeans(T0_Items_Leistung)
)

T0_Leistung_mit_NA<- data.frame(ID = data_T0$ID01_01, #Identifier
                                Leistung_T0 = T0_Items_Leistung_Mean$rowMean
)

complete.cases(T0_Leistung_mit_NA)

T0_Leistung_final <- na.omit(T0_Leistung_mit_NA) ##fertiges T0 ITEM

###Berechnung Leistungs-Item zum Zeitpunkt T1
T1_Items_Leistung <- data.frame(PF_01_01 = data_T1$PF01_01,  #Drei Variablen f√°r die Leistungsmessung
                                PF_01_02 = data_T1$PF01_02,
                                PF_01_03 = data_T1$PF01_03
)
```

```
T1_Leistung_Faktor <- na.omit(T1_Items_Leistung)
T1_Leistung_Mean <- cbind(T1_Items_Leistung,
                          rowMeans = rowMeans(T1_Items_Leistung)#Berechnen des Zeilendurchschnitts
)

T1_Leistung_mit_NA <- data.frame(ID = data_T1$ID01_01, #Identifier
                                 Leistung_T1 = T1_Leistung_Mean$rowMean #Zeilendurchschnitt
)

complete.cases(T1_Leistung_mit_NA ) #anzeigen vollstädnige Cases

T1_Item_Leistung_final <- na.omit(T1_Leistung_mit_NA ) #l√∂schen der NAs

#### Faktorenanalyse für die Arbeitsleistung
library(psych)
library(nFactors)
library(psy)

#Ausreißer?
describe(T1_Leistung_Faktor)

#Bartelett Test - Korrellieren die Items?
cortest.bartlett(T1_Leistung_Faktor)

#KMO und MSA, sollte gr√∂√üer als 0.5 sein
KMO(T1_Leistung_Faktor)

####Maximum-Likelihood Faktorenanalyse
fit1 <- factanal(T1_Leistung_Faktor, 1, rotation = "varimax")

#Ergebnisse ausgeben mit 2 Nachkommastellen und Faktorladungen<0.3unterdr√°cken
print(fit1, digits = 2, cutoff=.3)

#cornbachs alpha der Arbeitsleistung
alpha(x = T1_Leistung_Faktor[c("PF_01_01", "PF_01_02", "PF_01_03")], check.keys = TRUE)
#alpha von 0.89
```

```
###Daten Reinigen
data_T1_final <- data.frame(ID02_01 = data_T1$ID02_01, Leistung_T1 = T1_Leistung_mit_NA$Leistung_T1) #Nur die
IDS und latentes Variable Leistung


##relevel Kinder 1 = nein und zwei = ja
library(plyr)
levels(data_T0$DG12_03_T0)
DG12_03_T0_neu <- revalue(data_T0$DG12_03_T0, c("Ja"="Nein", "Nein"="Ja"))
levels(DG12_03_T0_neu)
summary(DG12_03_T0_neu)


#alle wichtigen Variablen t0

H0_adjusted <- data_T0$HO01_01_T0 - 1 #(Skala  0 -100%)
Kurz_adjusted <- data_T0$DG15_T0 - 1 # (Skala 0= Ja, 1= Nein)
Tele_tenure_grouped<- data_T0$DG07_01_T0 #Tele_Tenure gruppieren
Tele_tenure_grouped[Tele_tenure_grouped > 1] <-1 #alle ab einem Jahr Erfahrung werden 1
Tele_tenure_grouped[Tele_tenure_grouped < 1]<- 0 #alle unter einem Jahr Erfahrung = 0

T0_alle_Variablen <-data.frame(ID02_01=data_T0$ID02_01, #Identifier
                               Leistung_T0 = T0_Leistung_mit_NA$Leistung_T0, #Leistungsitem from 1 (strongly
disagree) to 5 (strongly agree)
                               SA = data_T0$DG05_01_T0, #Subjektives Alter in Jahren
                               CA = data_T0$QC02_01_T0, #chronologisches Alter in Jahren
                               Sex = data_T0$QC01_T0, #Geschlecht (1) m√§nnlich, (2) weiblich, (3) divers
                               HO = H0_adjusted, #Home-Office Anteil (1) 0% - (101) 100%
                               Tele_Tenure = Tele_tenure_grouped,
                               Tenure = data_T0$DG06_01_T0, #Tenure In Jahren
                               Kurza = Kurz_adjusted, #Kurzarbeit (1) Ja, (2) nein
                               Einsamkeit = data_T0$LO03_01_T0, #Einsamkeit im ho from 1 (strongly disagree)
to 5 (strongly agree)
                               Alleine = data_T0$DG12_01_T0, #wohnen alleine (1) Ja, (2) nein
                               Partnerschaft = data_T0$DG12_02_T0, #wohnen mit Partner (1) Ja, (2) nein
                               Kinder = DG12_03_T0_neu, #Kinder ja/nein (1) nein, (2) ja (wurde ge√§ndert)
                               Anz.Kinder = data_T0$DG13_01_T0 #Anzahl der Kinder in Zahlen
)
```

```
T0_alle_Variablen$Anz.Kinder[is.na(T0_alle_Variablen$Anz.Kinder)] <- 0#NAs zu Nullen

#Zusammenführen der Daten

T0_T1_alle_V_NA <- merge(T0_alle_Variablen,data_T1_final , by = "ID02_01")

T0_T1_alle_V<- na.omit(merge(T0_alle_Variablen, data_T1_final, by = "ID02_01")
) # entfernen der NA, Verlust von 10 Probanden auf 534 d

T0_T1_alle_V<- T0_T1_alle_V[-c(16, 85, 97, 207, 261, 285, 426, 432, 445, 511), ]
#Ausreißer löschen die sich selbst als doppelt so alt oder halb so jung angegeben haben
#minus 10 Probanden auf n=524
#Aufgrund von Löschungen haben sich die IDs verschoben, IDs im Orginal sind
(16,85,97,210,264,288,435,442,455,521)
```

Annex 2 Demographie der Stichprobe

```
#### Demographie der Befragten ####

table(T0_T1_alle_V$Sex) #Geschlechter im jetzigen Datensatz
309+215 #Gesamt
309/524 #Männer
214/524 #Frauen

table(T0_alle_Variablen$Sex)#in der T0 Befragung
1633+1271+4 #Gesamt
1633/2908 #Männer
1271/2908 #Frauen
4/2908 #divers

mean(T0_T1_alle_V$CA) #Alter T1
mean(T0_alle_Variablen$CA) #T0

table(T0_T1_alle_V$Kinder)#T1 im Schnitt
358+166
166/524
```

```
table(T0_alle_Variablen$Kinder)
238+461
238/699

#telearbeit neu Strukturieren 0=0; >1=1
table(T0_T1_alle_V$Tele_Tenure)
197+327 #insgesamt
197/524 #keine Erfahrung
327/524 #min. 1 Jahr Erfahrung

table(T0_alle_Variablen$Tele_Tenure)
271+426 #gesamt
271/697 #keine
426/697 #min. 1 Jahr Erfahrung

##Funktion zur Berechnung des Modus
Mode <- function(x) {
  ux <- unique(x)
  ux[which.max(tabulate(match(x, ux)))]
}


#Wert von Leistung zum Zeitpunkt T0
mean(T0_T1_alle_V$Leistung_T1)
median(T0_T1_alle_V$Leistung_T1)
Mode(T0_T1_alle_V$Leistung_T1)
sd(T0_T1_alle_V$Leistung_T1, na.rm = TRUE)
summary(T0_T1_alle_V_NA$Leistung_T1)

##Werte von Home-Office
mean(T0_T1_alle_V$HO)
median(T0_T1_alle_V$HO)
Mode(T0_T1_alle_V$HO)
sd(T0_T1_alle_V$HO, na.rm = TRUE)
summary(T0_T1_alle_V_NA$HO)
mean(T0_T1_alle_V$SA)
```

Annex 3 Berechnung der Modelle und Simple Slopes

```
###Regressionsmodelle
model1 <- lm(Leistung_T1 ~ Leistung_T0 + CA + Sex + Tele_Tenure + Kurza + Kinder + Einsamkeit , data =
T0_T1_alle_V)
summary(model1) #Kontrollvariablen

model2 <- lm(Leistung_T1 ~ Leistung_T0 + CA + Sex + Tele_Tenure + Kurza + Kinder + Einsamkeit + HO + SA , data
= T0_T1_alle_V)
summary(model2) #Kontrollvariablen + Haupteffekt

model3 <-  lm(Leistung_T1 ~ Leistung_T0 + CA + Sex + Tele_Tenure + Kurza + Kinder + Einsamkeit + HO + SA +
HO*SA, data = T0_T1_alle_V)
summary(model3)#Kontrollvariablen + Haupteffekt + Interaktionseffekt

model4 <- lm(Leistung_T1 ~HO + SA + HO*SA, data = T0_T1_alle_V)
summary(model4) #Kontrolle des Haupteffekts mit Interaktionsterm

model5 <- lm(Leistung_T1 ~  HO + SA, data = T0_T1_alle_V)
summary(model5)#Nur der Haupteffekt

####Simple Slopes
install.packages("pwr")
library(MeMoBootR)

saved = moderation1(y = "Leistung_T1", #AV
                    x = "HO", # UV
                    m = "SA", #Moderator für Simple Slopes
                    cvs = c("Leistung_T0", "CA", "Sex", "Tele_Tenure", "Kurza", "Kinder", "Einsamkeit"),
#covariate
                    df = T0_T1_alle_V) #data frames of coloums
##Anzeig der Ausreißer
View(saved$datascreening$fulldata)

##additivity/multicolinierity
saved$datascreening$correl
```

```
##Lineratiy
saved$datascreening$linearity

#Normality
saved$datascreening$normality

#homogeneity + homosecdatizity
saved$datascreening$homogen

#Durchschnittliche Werte Simple Slope
summary(saved$model1)

#- 1 Standarabweichung Simple SLope
summary(saved$model1low)

# + 1 Standardabweichung Simple Slope
summary(saved$model1high)

#Graf der Slopes
saved$graphslopes
```

Annex 4 Robustheitscheck

```
##Korrelationsmatrix - Multikollinearität
Correl_matr <- cor(T0_T1_alle_V[, c(2:7,9:10,15)])

##Heteroskedatizität
plot(fitted.values(model2), residuals(model2))
plot(model2, 1)

##Autokorrelation - Durbin Watson Statistik
library(lmtest)
dwtest(model3) #DW nahe 2 deutet auf nicht korrelierte Residuen in


##Logtransformation der Abhäniggen Variable Leistung & Kontrollvariable Leistung
model1.1 <- lm(log1p(Leistung_T1) ~  log1p(Leistung_T0) + CA + Sex + Tele_Tenure + Kurza + Kinder + Einsamkeit
, data = T0_T1_alle_V)
summary(model1.1)

model2.1 <- lm(log1p(Leistung_T1) ~  HO + SA + log1p(Leistung_T0) + CA + Sex + Tele_Tenure + Kurza + Kinder +
Einsamkeit , data = T0_T1_alle_V)
summary(model2.1)

model3.1 <-  lm(log1p(Leistung_T1) ~ HO + SA + log1p(Leistung_T0) + CA + Sex + Tele_Tenure + Kurza + Kinder +
Einsamkeit + HO*SA, data = T0_T1_alle_V)
summary(model3.1)

#Haupteffekt + Interaktionseffekt ob der Interaktionseffekt auch vorhanden ist ohne die KVs
model_check <- lm(Leistung_T1 ~ HO + SA + HO*SA, data = T0_T1_alle_V)
summary(model_check)
```

Annex 5 Visualisierung des Regressionsoutputs

```
library(stargazer)

stargazer(model1, model2, model3,
          title = "Regressionsmodelle",
          type = "html",
          notes.label = "Signifikanz Level",
          out = "Regressionsmodelle.html",
          dep.var.labels = "Arbeitsleistung",
          covariate.labels = c("Leistung T0", "Chronologisches Alter", "Geschlecht", "Telecommuting Tenure",
"Kurzarbeit (Ja / Nein)", "Kinder (Ja / Nein)", "Einsamkeit", "Home-Office", "Subjektives Alter", "Home-
Office:Subjektives Alter"),
          digits = 2,
          column.labels = c("Modell 1", "Modell 2", "Modell 3")
```

Annex 6 - Tabellen Robustheitschecks

Tabelle 3
Regressionsoutput der logtransformierten Modelle 1.1. bis 3.1

	Abhängige Variable Arbeitsleistung		
Unabhängige Variablen (**Haupteffekt**, Kontrollvariablen)	Modell 1.1 (1)	Modell 2.1 (2)	Modell 3.1 (3)
Leistung T0	0.58***	0.59***	0.59***
	(0.05)	(0.05)	(0.05)
Chronologisches Alter	0.002***	0.001	0.001
	(0.001)	(0.001)	(0.001)
Geschlecht	-0.0002	-0.0002	0.0003
	(0.01)	(0.01)	(0.01)
Telecommuting Tenure	0.004	0.005	0.004
	(0.01)	(0.01)	(0.01)
Kurzarbeit	-0.02	-0.02	-0.02
	(0.02)	(0.02)	(0.02)
Kinder	0.01	0.01	0.02
	(0.01)	(0.01)	(0.01)
Einsamkeit	-0.01	-0.01	-0.01
	(0.01)	(0.01)	(0.01)
Home-Office		-0.0002	-0.002**
		(0.0003)	(0.001)
Subjektives Alter		0.001	-0.003
		(0.001)	(0.002)
Home-Office:Subjektives Alter			0.0000*
			(0.0000)
Konstante	0.63***	0.63***	0.77***
	(0.08)	(0.08)	(0.11)
Beobachtungen	524	524	524
R^2	0.28	0.28	0.28
Angepasstes R^2	0.27	0.26	0.27
Residual Std. Error	0.15 (df = 516)	0.15 (df = 514)	0.15 (df = 513)
F-Statistik	27.96*** (df = 7; 516)	21.80*** (df = 9; 514)	20.08*** (df = 10; 513)

Signifikanzniveau — *p<0.1; **p<0.05; ***p<0.01

Anmerkung: Koeffizienten mit Standardfehler in Klammern.

Tabelle 4
Robustheitscheck - Regressionsoutput Modell 4 und 5

Unabhängige Variablen	**Abhängige Variable:** Arbeitsleistung Modell 4 (1)	Modell 5 (2)
Home-Office	0.0000 (0.01)	0.003* (0.001)
Subjektives Alter	0.004 (0.01)	0.01*** (0.003)
Home-Office:Subjektives Alter	0.0001 (0.0001)	
Konstante	3.81*** (0.44)	3.60*** (0.16)
Beobachtungen	524	524
R^2	0.03	0.03
Angepasstes R^2	0.02	0.03
Standardfehler der Residuen	0.79 (df = 520)	0.79 (df = 521)
F Statistik	5.32*** (df = 3; 520)	7.85*** (df = 2; 521)
Signifikanz Level		*p<0.1; **p<0.05; ***p<0.01

Anmerkung: Koeffizienten mit Standardfehler in Klammern.

FSC
www.fsc.org
MIX
Papier | Fördert gute Waldnutzung
FSC® C083411

Kolibri 360 GmbH
Ferdinand-Jühlke-Straße 7
99095 Erfurt, Deutschland
produktsicherheit@kolibri360.de

Druck:
CPI Druckdienstleistungen GmbH
im Auftrag der
Kolibri 360 GmbH
Ferdinand-Jühlke-Str. 7
99095 Erfurt